世界名著 ABC

笪 蕾 著

贵州出版集团
贵州人民出版社

出版说明

兴趣是最好的老师,知识的学习更是如此。如果学习者缺乏兴趣,阅读就将是一个枯燥无味的过程,轻松快乐的学习也就无从谈起。基于这样的事实,本着"兴趣阅读、快乐学习"的理念,我们经过深入调研,与国内的众多专家学者及一线教师全力合作,为所有希望将学习变得轻松愉快的朋友奉献上"快乐阅读"书系。

"快乐阅读"书系,以知识的轻松学习为核心,强调阅读的趣味性。它力求将各种枯燥无味的知识以轻松快乐的方式呈现,让读者朋友便于理解接受。它的各种努力,只有一个目标,即力图将知识学习过程轻松化、趣味化。读者朋友在阅读过程中,既能保持心情愉快,又能学有所得。在轻松愉快的氛围中学习,让知识学习成为读者朋友的兴趣,本身就是提高学习效率最有效的途径。

"快乐阅读"书系首批图书分为"语文知识"、"作文知识"、"数学知识"、"文学导步"、"文学欣赏"、"语言文化"、"个人修养"七大板块,各个板块之下又有细分。英语、生物、化学等相关的知识板块将会在以后陆续推出。针对不同学科知识的特点,本书系以不同的方式来达到轻松快乐的目的。要么是以故事的形式,在故事的展开之中融入相关知识;要么是理清该知识点的背景,追根溯源,让读者朋友知其然,更知其所以然,让理解更为轻松。总而言之,就是以最恰当的方式呈现相关的知识。

希望这套"快乐阅读"书系能陪伴每一位读者朋友度过美好的阅读时光。

编　者
2014 年 5 月

目　录

旅程大略	001
史上最牛畅销书——《圣经》	001
盲诗人吟唱的不朽之作——《荷马史诗》	005
一部包罗万象的"哲学大全"——《理想国》	009
繁华散尽的雅典城邦——《伯罗奔尼撒战争史》	013
口头创作最壮丽的纪念碑——《一千零一夜》	017
一部让"大和"民族骄傲了十个世纪的作品——《源世物语》	020
人文主义的神圣喜剧——《神曲》	023
一部属于所有世纪的经典——《莎士比亚全集》	027
一部反骑士的骑士小说——《堂·吉诃德》	031
一个人的荒岛传奇——《鲁滨逊漂流记》	035
法国大革命的号角和福音书——《社会契约论》	038
一首忧伤的青春之歌——《少年维特的烦恼》	042
一部真诚而不加掩饰的书——《忏悔录》	046
政治阻碍下的爱情——《阴谋与爱情》	049
英国田园式的幽默爱情偶像剧——《傲慢与偏见》	052
一个英伦愤青未完成的"天才之作"——《唐璜》	056
俄罗斯生活的百科全书——《叶普盖尼·奥涅金》	060
一首"灵魂的哲学诗"——《红与黑》	063
理论是灰色的,生命之树常青——《浮士德》	067
被金钱扭曲的人性——《高老头》	071

荒野中开出的一朵石楠花——《简·爱》	075
"我爱他,因为他比我更像我自己"——《呼啸山庄》	078
各国工人的共同纲领——《共产党宣言》	081
"交际花"的崇高爱情——《茶花女》	084
革命时期的爱情——《双城记》	088
物竞天择,适者生者——《物种起源》	092
现实主义与浪漫主义完美结合的史诗——《悲惨世界》	095
一部让尼采都感到震撼的小说——《罪与罚》	099
揭示资本主义社会发展规律的伟大著作——《资本论》	103
一部堪比《红楼梦》的全景式作品——《战争与和平》	107
卑微者的高贵——《羊脂球》	111
寓入骨的讽刺于诙谐的幽默——《变色龙》	114
一部为所有人又不为任何人所写的书——《查拉图斯特拉如是说》	117
揭开人类心灵的奥秘——《梦的解析》	121
社会主义文学的奠基之作——《母亲》	124
一份"奉献给神的祭品"——《吉檀迦利》	128
向上吧!音乐少年——《约翰·克利斯朵夫》	131
异化世界的孤独和陌生——《变形记》	134
以美国南北战争为背景的经典作品——《飘》	137
推理小说中的"圣经"——《福尔摩斯探案全集》	141
渗透在童话中的人类文明思索——《小王子》	145
哲学大师写就的通俗入门书——《西方哲学史》	149
受命写出的经典——《菊与刀》	152
守望者走了,麦田还在——《麦田里的守望者》	155
"人可以被消灭,但不能被打败"——《老人与海》	158
荒谬世界中的尴尬处境——《等待戈多》	163
魔幻与现实的完美融合——《百年孤独》	167

旅程大略

在这个电视、网络、手机等信息和大爆炸的时代,电子媒介和网络科技大行其道,我们的每一个时间空隙几乎都被各种信息填满,你和我的24小时都被有意无意地肢解成了无数的碎片。也许越是在这种无可遁形的社交网络和画地为牢的消费时代中,人们越是渴望内心的平静与安宁。想象一下,在午后阳光下,手捧一杯咖啡或清茶,感受经典名著穿越古今历久弥新的无尽魅力,是何等惬意之事啊!

《世界名著ABC》一书正是为习惯于碎片化接受信息,同时又渴求经典名著滋养内心的现代人所准备的。它力争做到管窥全豹,尝鼎一脔,用简短的篇幅、幽默戏谑的文风和轻松的语调将精心挑选的世界名著,以一种适合现代人口味的方式呈现在读者面前,力求激发读者阅读兴趣,让读者"开卷有益,掩卷有味"。

从古至今,人类用超凡的想象力和卓越的智慧建造了一座争奇斗艳、壮美瑰丽的文化大观园。然而,面对种类繁多、浩若烟海的世界名著,如何才能在这座大观园中采撷到精华呢?《世界名著ABC》无疑是您以最快的速度轻松汲取精神营养的最佳指南。本书共精选出47部外国经典名著,其年代上溯古希腊,下至20世纪,作品的国别来源从欧洲到亚洲、再到拉丁美洲,所选名著的体裁更是种类繁多,包括诗歌、小说、散文和戏剧,以及社科专著等等,作品涉猎文学、历史学、心理学、法学、政治学、哲学、人类学以及自然科学等诸多领域,让你一次"看个够"!

具体来说,笔者对精选出的每一部佳作都进行了详细且系统的介绍,试图从作品背景介绍到内容梗概,从作者出身、创作经历挖掘到其情感世界、心路历程。对于这些杰作珍品,我们不仅仅是在做"百度、谷歌式"的介绍,而且还对其进行一定程度的赏析和解读,旨在全方位、多侧面、立体式地呈现这些在时间长河中"披沙沥金"的卓越著作,以便使读者能够在阅读之后,留下一种立体印象。一言以蔽之,《世界名著ABC》既是为读者传递知识和信息,也在努力提供一种多角度、多空间的审美思考视角。

但愿您能喜欢这样一本世界名著的"速读宝典",希望它能成为您消遣闲暇时光的一小碟品种丰富、清新可口的下午茶点。让它伴我们一同体验大师魅力,感受异域经典。不过,笔者毕竟水平有限,疏漏之处在所难免,敬请读者指正。

笪 蕾

2012年10月

史上最牛畅销书

——《圣经》

我们看新闻里美国总统宣誓就职时一手必按《圣经》，法官落锤判案也必与《圣经》相伴；在任何一部西方电影中，婚礼上神职人员要用《圣经》为新人祝福，葬礼上神职人员要手捧《圣经》为亡灵祈祷。《圣经》何以有如此高的"出镜率"？它又有怎样神奇的魅力得以每年在全球印刷三亿多册，多年来稳占世界图书畅销榜首位，成为史上最牛畅销书？说到底，《圣经》究竟是怎样的一部书呢？

《圣经》书影

严格来说，《圣经》并不是一本书，而是由66本不同的书卷组成的合集，它是亚伯拉罕诸教（包括基督新教、天主教、东正教、犹太教等宗教）的宗教经典，由《旧约》与《新约》两部分组成，其中《旧约》是犹太教的经书，包括梅瑟五书、历史书、先知书和训诲文学，共39卷；《新约》的讲述开始于耶稣的诞生，是耶稣基督以及其使徒的言行和故事的纪录，共有27卷。如果把《圣经》比作一株参天大树，那么《旧约》就是树根，《新约》则是树身。

《圣经》这棵参天大树的长成是一个颇为神奇的过程，它是人类有史以来写作时间最长、整体最连贯、主题最统一的传奇之作！《圣经》的第一卷《创世纪》大约成书于公元前15～前6世纪，最后一卷《启示录》

成书于公元1世纪末期,共历经1600年,前后跨越十几个世纪。所以写作《圣经》"不是一个人在战斗",而是由40多位作者共同完成的。这些作者多为犹太人,他们的文化水平参差不齐,身份地位更是千差万别,有帝王、先知、祭司、医生、税官,也有农民、牧人、渔夫,甚至还有囚徒,如此一来,每卷书的成书时间、地点自然也迥然不同,有些写于牢狱中或是流放的岛上,有些在宫廷中完成;有的写于戎马征战之时,有的却完成于太平盛世……然而纵观整本《圣经》,洋洋一百多万字的篇幅,跨越60代人写成、出自40多人笔下的作品,竟然如此的前后呼应,浑然天成,他们的行文前后连贯,一气呵成,内容和思想竟然都完全一致,简直就是文化史上的一个谜!

《圣经》不只是给信徒们的经文,《圣经》的语言简约练达,一个个简单精炼的故事却反映出博大精深的精神世界,可以说《圣经》的文义并不低于它的神义。欧洲许多文学巨著都取材于《圣经》,如但丁的《神曲》,歌德的《浮士德》,弥尔顿的《失乐园》和《复乐园》,莎士比亚的众多作品,法国雨果的《悲惨世界》,俄国托尔斯泰的《复活》和陀思妥耶夫斯基的《罪与罚》等等,不一而足,它们所表达的思想情感、精神观念(主要指仁慈、宽恕、博爱)均有受到《圣经》影响的痕迹。现如今,《圣经》中"创世纪"、"出埃及记"、"诺亚方舟"、"耶稣复活"等桥段常常被引用、穿插、隐喻于各种影视作品当中,导演和编剧人人手捧一本《圣经》就可高枕无忧了,因为不怕没有故事可拍。难怪英国学者麦考利说:"假使所有英文写的作品都毁灭了,只剩下英文《圣经》这一部书,那么这部书自己就足以把英文里全部的美与力量显示出来。"总的来说,《圣经》语言优美、构思巧妙、逻辑缜密,几乎是欧洲每一种民族语言的第一个范本。因此,如果你有一颗攻克英语的决心、恒心和痴心,那就找一本《圣经》来读吧!

想要真正了解西方文化,不可不读《圣经》!这部古老的经籍是希伯来民族文化的宝贵遗产,记载了古代中东乃至南欧一带的民族、社会、政治、军事等多方面情况和风土人情。书中的神话、宗教、历史和伦理故事、哲学箴言等都蕴含着无限的玄思,有一种耐人寻味、意味深长的魅力。更重要的是,《圣经》中的哲学和神学思想随着基督教的传播,对西方社会的精神信仰和行为方式产生了至深至广的影响,与希腊神话共同成为开启西方精神世界的钥匙。除此之外,《圣经》还对世界历史的发展、意识形态的形成和文化习俗的养成都带来了巨大的影响。法国作家雨果的一句话常常被人引用:"英国有两本书:《圣经》和'莎士比亚'。英国造就了莎士比亚,但《圣经》造就了英国。"再比如,《圣经》在传入中国的过程中,其翻译文学和文体,曾对中国的白话文学产生过较大的影响,如"洗礼"、"天使"、"乐园"、"复活"、"天国"、"福音"等"洋词",已经逐渐发展成为现代汉语的语素或者常用构词,一度成为推动中国新文学运动的力量。与此同时,《圣经》也是文学、美术、建筑、音乐等艺术形式的源泉。试想如果没有《圣经》,何来达·芬奇的名画《最后的晚餐》?若不是受《圣经》启发,世界各地气势宏伟的教堂如何能拔地而起?少了《圣经》,哪儿来的圣诞节?

达·芬奇《最后的晚餐》

《圣经》是人类有史以来销量最为巨大、对历史影响最为深远的一部书,至今,它已被译成数百种语言,有1700多个译本,各大教堂均有销售。《圣经》的阅读者众多,对它的研究著作更是汗牛充栋,甚至形成了

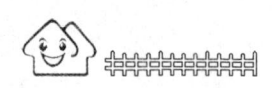

一种专门的学问——"圣经解释学"。《圣经》就是这样一部融合着历史、文化、政治、经济的典籍，它与希腊文明一起，构成了今天的欧美文化。

正是因为《圣经》的独特价值和特殊地位，它才得以参与并见证人类历史发展进程中的重要节点。古登堡在1455年印制的大约180本拉丁文《圣经》被普遍认为是信息时代到来的前兆，在这之后的50年间，900万本《圣经》从欧洲各地的印刷厂装订出来，这个数量差不多等于此前全球一千年的书籍产量；《圣经》（缩影版）也是第一本被带入太空的书；世界上第一封电报的电文内容是《圣经》中的一句话："上帝啊，你创造了何等的奇迹！"这些经历无疑都给《圣经》本身增添了更为绚烂的色彩。

一部《圣经》蕴含着古老而永恒的智慧，启示了生命的真理，其中有关人的故事令人动容，有关神的指引让人思考。一言以蔽之，这部史上最牛的畅销书不仅是西方精神世界里的经典主食，而且是全人类共同的文明大餐！

盲诗人吟唱的不朽之作

——《荷马史诗》

你看过电影《特洛伊》吗？如果你热爱这类集战争、爱情、权力、英雄、美人等所有大片之必备元素于一身的故事情节，那就赶紧去寻找《荷马史诗》来读，翻开这本书你也许会恍然大悟般地感慨，与《荷马史诗》相比，《特洛伊》之类的"大片"，其实都是浮云。该片导演沃尔夫冈·彼德森就曾说过："我认为，在过去的3000年里，除了荷马之外，没有任何一位作家能准确形象地描绘出战争的恐怖。"

荷马雕像

《荷马史诗》包括两部史诗——《伊利亚特》（又译《伊利昂纪》）和《奥德赛》（又译《奥德修纪》），两部史诗都分成24卷，《伊利亚特》共有15693行，《奥德赛》共有12110行。史诗的内容来源于公元前12世纪末希腊半岛南部地区的阿卡亚人和小亚细亚北部的特洛伊人之间发生的一场持续十年的战争，包括了迈锡尼文明以来几个世纪的神话传说，许多民间行吟歌手据此口头创作诗歌，并广为传唱。经过长期传唱，这些故事日渐丰富、系统。大约在公元前9世纪至前8世纪，一位双目失明的行吟诗人荷马（约公元前9—前8世纪）以短歌为基础，将之加工整理成演唱脚本，经常带着一把竖琴在古希腊各地吟唱这些歌谣，直至公元前6世纪正式形成文字——《荷马史诗》,此后,它成为欧洲古典四大名著里最早的一部。公元前11世纪到公元前9世纪的希腊史也称作"荷马时代",就是因这部史诗而得名,因为《荷马史诗》是这一时期唯一的文字史料。

《荷马史诗》用神话方式表现了特定的社会历史内容。《伊利亚特》叙述希腊联军围攻小亚细亚的城市特洛伊(Troy)的故事,以希腊联军统帅阿伽门农和勇将阿喀琉斯的争吵为中心,集中地描写了战争结束前几十天发生的事件。希腊联军围攻特洛伊十年未克,而勇将阿喀琉斯愤恨统帅阿伽门农夺其女俘,不肯出战,后因其好友战死,乃复出战。特洛伊王子赫克托尔英勇地与阿喀琉斯作战身死,特洛伊国王普利安姆哀求讨回赫克托尔的尸体,举行葬礼,《伊利亚特》描写的故事至此结束。

电影《特洛伊》剧照

这是一部描写战争的英雄史诗,着重塑造氏族领袖的英雄形象,歌颂他们的英雄品质,并通过这些形象来表现那个"英雄时代"的英雄主义理想,整部史诗情调高亢急促、恢弘壮烈。多数人把对《伊利亚特》的具体印象总结为"阿喀琉斯的愤怒",确实,阿喀琉斯自我意识膨胀所致的小宇宙爆发，导致他愤而罢战又愤而出战，这都直接影响了特洛伊战争的进程与故事的发展。不过，这场明为希腊 VS 特洛伊的战争，实为太阳神阿波罗、战神阿瑞斯、爱神阿佛洛狄特 VS 天后赫拉、海神波塞冬、智慧女神雅典娜的 PK 赛，众神轻轻一挥手，战势就来个 180 度转向，正所谓"神要是公开去跟人作对，那是任何人都难以对付的"（《荷马史诗》）。一言以蔽之，这其实是一场众神群架的表演！

《奥德赛》是《荷马史诗》的另一篇史诗故事，这是一个关于"旅程"的故事，终点是故国和家。《奥德赛》叙述伊萨卡（Ithaca）国王奥德修斯在攻陷特洛伊城后归国途中十年漂泊的故事。它集中描写的只是这十年中最后一年零几十天的事情。奥德修斯受神明捉弄，归国途中在海上漂流了十年，到处遭难，最后受诸神怜悯终得归家。当奥德修斯流落异域时，伊萨卡及邻国的贵族们欺其妻弱子幼，向其妻皮涅罗普求婚，迫她改嫁。皮涅罗普用尽了各种方法拒绝拖延，最后奥德修斯扮成乞丐归家，与其子杀尽求婚者，恢复了他在伊萨卡的权力。奥德赛在史诗末了说了句发人深省的话："如果海伦当初有你的一半谨慎，我们就不致遭受这二十年的灾难了。"《奥德赛》的故事类似于《辛巴达七海传奇》，因为奥德赛在海上的种种遇险和岛上奇遇与那位阿拉伯人太像了，看来人类对远古时期的记忆是共同的。就个人遭遇而言，东方有辛巴达，西方有奥德赛。

就风格而言，与雄浑刚健但缺少"人性"的《伊利亚特》相比，宣扬"人定胜天"的《奥德赛》更显得摇曳生姿，其基调富有浓厚的浪漫色彩和现实主义精神。此外，与《伊利亚特》中领军式的大神相比，《奥德赛》中形形色色的小神更为可爱与多情。另一个有趣的地方是，在《奥德赛》中，还出现了一位神奇的人物：盲乐师谛摩多科，这不就是荷马先生的友情客串吗？

《荷马史诗》描绘出早期英雄时代的大幅全景图，同时它也是艺术上的绝妙之作。史诗中运用了大量从自然现象和日常生活中汲取来的准确、生动、奇特和富于哲理的比喻，被誉为"荷马式比喻"，例如在写到阿喀琉斯绕城追赶赫克托尔时,史诗写道:"像从山上飞起来的大鹰鼓着迅捷的翅膀追扑着一只颤抖的鸽子,一个跟踪猛追,一个在上下飞翔躲闪。"这种贴切生动、生活气息浓郁的"荷马式比喻"在全史诗中约有800个之多。

柏拉图说:"精通《荷马史诗》就精通了一切。"两部史诗规模宏伟、内容丰富,极为广阔地描绘了氏族社会向奴隶社会过渡时期希腊的社会生活和人们的思想观念与精神面貌,对当时的社会形态、思想观念、宗教活动、田园耕作、体育竞技、家庭生活、商品交换、风俗礼仪等都作了生动的描绘。它就是古希腊人的百科全书,人们从中搜索知识、接受教育。在整个古典时期,《荷马史诗》成了希腊教育和文化的基础,被誉为"希腊的圣经",在西方古典文学史中占有无可取代的地位,被认为是最伟大的古代史诗,正因如此,维克多·雨果才在《莎士比亚》一文中写道:"世界诞生,荷马高歌。他是迎来这曙光的鸟。"

一部包罗万象的"哲学大全"
——《理想国》

哲学书都是写得玄之又玄，只得让人仰望而叹之的话，那就真的错了。恰恰相反，读柏拉图的《理想国》绝不会让读者有如坠云端的感觉，作者在书中讨论的话题都是有关你我他的，讲述的都是我们的"身边事"。他从优生节育、家庭解体、婚姻与自由、爱情与独身等"家长里短"的问题，谈到专政与独裁、道德与宗教，男女平权和教育问题等国家政治的要义，还顺带聊聊文学艺术之类的话题。也许你很难想象，一位睿智哲人竟会有此等闲情雅致，跟人们分享他关于人类诸多现实问题的种种感悟与独特思考，那么我们何不捧起这部哲学典籍《理想国》呢？

柏拉图（公元前427—前347）是古希腊的大哲学家，他和老师苏格拉底，学生亚里士多德并称为古希腊三大哲学家。柏拉图生于一个较为富裕的雅典贵族家庭，生活在雅典民主制度由盛而衰的时代，一生中大部分时间居住在古希腊民族文化的中心雅典。柏拉图从青年时代起就决心献身于政治，他认为只有在正确的哲学指导下才能分清正义与不正义，从而公正地治理城邦。

青年时的柏拉图师从苏格拉底，苏格拉底之死与雅典的现实令柏拉图倍感失

柏拉图雕像

望。之后,他就开始游历四方,曾到埃及、小亚细亚和意大利南部从事过政治活动。在三次西西里之行中,柏拉图试图把他的政治理想付诸现实,却均以失败告终。在理想和现实的深刻矛盾中,柏拉图不得不退而著述,潜心研究治理国家的学问,建立理想的政治蓝图。《理想国》正是在这样的历史背景下写成的。公元前387年在西西里岛的锡拉古城建立理想国的活动失败后,柏拉图逃回雅典,在一所名为阿卡德米的体育馆附近设立了一所学园,此后在那里执教40年,直至逝世。

柏拉图是世界哲学史上第一个有大量哲学著作传世的哲学家。他一生著述颇丰,留下了近30种作品,大多用对话体写成,其文体之优美堪称文学史上的典范。而他的教学思想主要集中体现在《理想国》和《法律篇》之中。另外,柏拉图还是西方客观唯心主义的创始人,他所建立的哲学体系博大精深,对其教学思想影响尤甚。英国文学评论家怀特海曾说:"全部西方哲学传统都是对柏拉图的一系列注脚。"

这位西方哲学史上鼻祖式人物笔下的《理想国》,因其全景式地展现了柏拉图一生所有重要的思想,而成为他众多著作中最具代表性的一部。古往今来,这部书承载着太多的赞誉和极高的评价,以致很多人认为《理想国》应该是用十分严肃的口吻讨论着十分严肃的问题,就如同我们印象中其他的哲学书那样。但是,当你真正翻开这本书的时候,你会惊喜地发现,《理想国》原来是一部妙趣横生的对话录,它就像是正在上演的一出大型哲学相声剧:在"逗哏"苏格拉底和若干位"捧哏"之间,一场场充满智慧却又不乏幽默的深刻对话以别开生面的形式展开着。一本哲学书能被柏拉图写得如此欢乐,也许是因为越是严肃的话题越是能激发先贤们追求真理时激动喜悦心情的缘故。

《理想国》又译作《国家篇》、《共和国》等,与柏拉图大多数著作一样,是以苏格拉底为主角,并且用对话体写成,全书共分10卷,其篇幅之长仅次于《法律篇》,一般认为它属于柏拉图成熟时期的作品。这部"哲学大全"不仅是柏拉图对自己此前哲学思想的概括和总结,而且综合了当时的各门学科,深刻探讨了哲学、政治、伦理、道德、教育、文艺等各方面的问题。在此书中,柏拉图以理念论为基础,建立了一个系统的理想国家的方案。

作为一部被誉为西方政治思想传统最具代表性的作品,《理想国》通过苏格拉底与他人的对话,给后人展现了一个完美而优越的城邦。柏拉图笔下的"理想国"其实是人类历史上最早的乌托邦。柏拉图把国家分为三个阶层:受过严格哲学教育的统治阶层、保卫国家的武士阶层、平民阶层,在他看来,这个城邦的统治者必须是哲学家。他认为现存的政治都是坏的,人类的真正出路在于哲学家掌握政权,也只有真正的哲学家才能拯救当时城邦所处的危机。正是这种信念构成了柏拉图成熟的政治哲学体系的核心。柏拉图眼里的"哲学家"有着特殊的内涵:他认为哲学家是最高尚、最有学识的人,而这种贤人统治下的贤人政体就是最好是政体。所以,只有建立以哲学家为国王的国家才是最理想的国家,而这个国家就是存在于天上的模范国家。

在柏拉图看来,哲学家的本质是具有知识,具有智慧、正义、善的美德,只有哲学家才能达到对国家最高理念的认识,即对"善"的把握,而其他人也只能把握"意见"而已。治国作为一门知识,也只有哲学家才能掌握它,进而就有资格执政,也就是说只有哲学家才能达到对于国家理念的认识,知道"理想国"应该怎样组织、怎样治理。这样一来,所谓哲学家执政,就被柏拉图解释为高超的智慧、真实的知识、完美的德行和绝对最高权力的结合。他坚信只有哲学家才可拯救城邦和人民,哲学家是理想国必然的统治者。

人类追求的正义与善就是柏拉图"理想国"的主题。《理想国》首先讨论的是国家的正义。柏拉图认为一个好的国家应该具备智慧、勇敢、自制、正义这四种德性。他认为国家、政治和法律要朝向真正的存在并与人的灵魂相关才有意义。在《理想国》中,苏格拉底刚开始

苏格拉底雕像

讨论的话题就是"正义"问题，由此我们可以看到柏拉图对正义有着多么强烈的憧憬与向往！他认为绝对的正义在神那里，这正好印证了对话结尾的宣言："让我们永远走向上的路，追求正义和智慧。"正义和智慧不仅是国家的主题，也可以说是整个宇宙存在的本质，因为国家的起点"就是永无止境的时间以及时间带来的变化"。此外，柏拉图的正义表现在爱情上就是节制，我们常说的"柏拉图式的爱情"被认为是精神恋爱的代名词，用来指称那种超越时间、空间，不以占有对方肉体为目的的、只存在于灵魂间的爱情。而当你系统读完《理想国》就会更深刻地领悟到，实际上所谓"柏拉图式爱情"的真谛，指的是一种对节制的崇尚，对善和美的追求。

　　柏拉图在《理想国》中还阐述了三个著名的比喻："太阳比喻"、"线段比喻"和"洞穴比喻"。柏拉图通过"太阳"的比喻说明，正如太阳是可见世界之所以可见的原因，"善"乃是理念世界中一切理念的存在原因，它是最高的理念；他又通过"线"的比喻，进一步将两个世界划分为四个部分：第一是影像，第二是影像所像的实物，第三是数理对象，第四则是理念。其中，前两个部分属于可见世界，后两个部分组成了可知世界。另外，柏拉图还通过"洞穴"的比喻指出，认识的四个阶段并不是后天学习的发展过程，而是"灵魂的转向"，因为灵魂本身具有一种认识能力，教育只是使这种能力掌握正确的方向，使它从黑暗转向光明，从现象的世界走向真实的世界。

　　如此一来，教育也成为《理想国》的重要主题之一。针对教育的主题，柏拉图设计了一套理想的教育课程。除了体育和音乐这两门初等课程之外，必须学习算术、平面几何、立体几何、天文学和谐音学等五门课程，按照这个次序将灵魂从可见世界逐步引向哲学，其目的是为了培养国家统治人才，促成他们的灵魂转向。

　　所谓经典的影响力，不在于天马行空的瑰丽文采，也不在于振聋发聩的惊骇论断，而是如同柏拉图留下的《理想国》一样，它应该能够穿越时空的壁障，值得世世代代永久相传。

繁华散尽的雅典城邦
——《伯罗奔尼撒战争史》

俗话说:"读史可以明智",但历史究竟是什么？仁者见仁,智者见智,很多人都站在历史长河的沿岸静观过往的大浪淘沙,但是如果能像《伯罗奔尼撒战争史》的作者修昔底德将军那样,时时刻刻地亲历历史,是不是更刺激、更有趣？让我们跟随修昔底德的笔触,一起观看这场他为我们带来的关于"伯罗奔尼撒战争"的现场直播！

话说公元前431至前404年,数百个城邦卷入了规模空前的"希腊世界大战",战火几乎波及当时整个地中海文明世界。以斯巴达为首的伯罗奔尼撒同盟和雅典帝国这两大城邦集团,一个在陆上称雄,一个在海上称霸,双方巧施权谋,展开长期的拉锯战。正当双方两败俱伤、财尽兵竭之时,虎视眈眈的波斯人借机干涉,最终协助斯巴达人击败雅典,摧毁了盛极一时的雅典海上帝国。《伯罗奔尼撒战争史》记述的便是古希腊斯巴达领导的伯罗奔尼撒同盟与雅典领导的提洛同盟间的伯罗奔尼撒战争。可以说,这场战争的事迹,绝大部分是仰赖着历史学家修昔底德的记载而得以流传下来的,所以,该书被广泛认为是一部经典作品和最早的学者式历史作品。

《伯罗奔尼撒战争史》的作者是修昔底德(约前460—前400),他曾是这场战役中服役的雅典将军,同时以其所著的《伯罗奔尼撒战争史》在西方史学史上占有重要地位,是古代希腊卓越的历史大家。修昔底德在战争之初就开始搜集资料,打算写一部战史,然后他倾其毕生精力撰写《伯罗奔尼撒战争史》,一直坚持到生命的最后时刻。修昔底德的史学成就足以代表希腊古典史学的最高水平。

不过,历史上关于修昔底德的生平,所述甚少,那极有限的一点材料,主要来自他著作中偶尔提及到自己的地方。此外,也有一些来自于后世的希腊罗马作家的零星记载。据史料记载,修昔底德出身于雅典的一个富裕而显贵的家族,他在青少年时代和雅典的许多贵族子弟一样,接受过良好的教育。公元5世纪的马赛林努斯提及一个故事,说修昔底德在童年时代,随父亲一起聆听希罗多德(古希腊著名历史学家,被西方人称为"历史之父",著有史学名著《历史》。)朗诵其历史著作时,曾感动得流涕。希罗多德看到这个情况,对修昔底德的父亲说:"奥洛鲁斯,你的儿子深受求知欲的感动。"这个故事的细节未尽可信,但从中可以看出希罗多德对修昔底德产生过一定的影响。

修昔底德雕像

根据修昔底德自己的记载,在伯罗奔尼撒战争爆发之初,他已经开始撰写这部历史著作了。当时他正当明达之年,能够懂得事物发展的意义了。从公元前431年战争爆发起,到公元前424年他任将军止的这7年间,修昔底德应该一直居住在雅典,证据之一便是他明确指出,公元前430年雅典瘟疫肆虐之时,他自己也染上此病,而当时这种病在希腊其他地方似乎很少流行。公元前424年,修昔底德当选为雅典十将军之一。此后,他遭人陷害蒙冤受辱的20年,这期间他充分利用闲暇时间,在希腊世界,特别是在那些敌对国家广泛游历,收集到多方面的史料,尤其注意考察那些发生过重大战役的地方。修昔底德在流亡20年后重返雅典大约在公元前400到前396年之间,他未能按计划完成其著作而猝然死去。

《伯罗奔尼撒战争史》的整个结构合理、紧凑,文字简洁、流畅、生动,富有哲理性和感染力,显示了作者出色的史学家才华和深厚的文化素养。该书还有有一个显著的特点,那就是在历史叙述中穿插着许多精彩绝伦的演讲词,据修氏所言,这些演讲有些是他亲自听到的,尤其是长久以来被无数人津津乐道的伯里克利在阵亡将士葬礼上的演讲,他一定是多次听到过的。

纵观全书,它被后世学者分为8卷,严格按时间顺序展开史事,各卷之间保持着必然的联系。第一卷开头有一个序言,阐明作者的写作动机、方法,接着勾勒了战前希腊历史的轮廓,追溯了雅典人与拉栖代梦人之间矛盾的发展过程;第二、三、四卷至第五卷第24节,记载战争的前10年(所谓"阿奇达姆斯战争"),即自战争爆发至"尼基阿斯和约"的签订;第五卷第25~116节叙述"尼基阿斯和约"的签订至西西里远征,即所谓"和平"时期的史事;第六、七两卷叙述西西里远征始末;第八卷叙述战争最后阶段,即狄凯里亚战争和伊奥尼亚战争。按修昔底德自己的计划,他的历史著作将一直写到公元前404年雅典长城被拆毁和比雷埃夫斯港被占领为止。但是他的著作只写到公元前411年冬天,全书叙述到赛诺西马战役后就戛然而止了,这对于想了解伯罗奔尼撒战争史全貌的人来说无疑是个缺憾。后来,色诺芬基本上接着修昔底德书写了他的希腊史。

修昔底德生活的时代,是他的祖国雅典盛极而衰的时代。通过他写就的这部史学巨著《伯罗奔尼撒战争》,我们会看到这场战争对希腊城邦政治造成的巨大冲击和震荡,对于社会经济和民生无异于一场浩劫,对于其后希腊人的思想文化和地中海世界的国际局势都产生了重大而深远的影响。亲历这场大战的历史学家修昔底德,以其客观冷静的视角,生动奔放的史笔,洗练流畅的文字,不仅全面地记载了战争的主要史实,展示了陆战、海战的恢宏场面,揭示了党派斗争的严酷惨烈,而且书中大量精彩的演说词,字字珠玑,饱含哲理,此外,从一定程度上说,修昔底德甚至还是一位很棒的心理学家,因为他将战争期间人们心理状态的微妙变化,刻画得恰如其分、入木三分。

以铜为镜,可以正衣冠;以史为镜,可以知兴替;以人为镜,可以明得失。从《伯罗奔尼撒战争史》当中我们可以领悟到许多,你从不同的角度解读就能得出不同的结论,无论你是关注民主与战争,还是关心国际关系,抑或是对作者提出的人性贪婪不变的观点或赞同或反对,《伯罗奔尼撒战争》都因此而称得上是历久弥新的史学经典!如果你打算去希腊旅游,打算去看一看历史中繁华散尽的雅典城邦,你可以在临行前把《伯罗奔尼撒战争》找出来,细细品味,如果离开前还没有看完,就把它塞进行李箱里吧,让这段恢宏的历史跟随你旅行的脚步一同前行!

口头创作最壮丽的纪念碑
——《一千零一夜》

期待拥有无所不能的神灯与魔戒吗？想住在一夜之间建立起来的宫殿里吗？敢乘坐神奇的飞毯自由来去吗？如果你曾有过这些幻想，那么赶快拿起《一千零一夜》吧！这个阿拉伯的民间故事集里不仅有上述的神灯、魔戒、宫殿和飞毯，还有会飞行的乌木马、海岛一般大的鱼、能隐身的头巾、可以驱使神魔的手杖、能看到任何遥远目标的千里眼……

《一千零一夜》不是真的有一千零一个故事。根据阿拉伯原版统计，全书共有大故事134个，每个大故事又包含若干个小故事。以这样故事套故事的形式共同组成一个庞大的故事群，整部书总计有264个故事，假设你每晚听一则故事，不用一千零一夜，只需不到一年的时间就听完啦！另外，《一千零一夜》并非哪一位天才作家的智慧闪现，而是中东和近东各国、阿拉伯地区广大市井和文人学士在几百年过程中，集体创作的一套精品"故事会"。早在公元6世纪，印度、波斯等地的民间故事就流传到伊拉克、叙利亚一带，大约在8世纪中叶到9世纪中叶，出现了这些故事的早期手抄本，又经过几百年的搜集、加工和提炼，到了12世纪，埃及人首先"抢注"了"一千零一夜"的书名，直至15世纪末、16世纪初，《一千零一夜》才最终基本编纂定型。由于古时候中国称阿拉伯为"天方国"，所以当《一千零一夜》在20世纪初流传至中国后，它在中国又有了一个颇具神秘色彩的新名字——《天方夜谭》。

这部神秘的"天方夜谭"的诞生有一个有趣的传说：相传古时候，在古阿拉伯的海岛上，有一个萨桑王国，国王名叫山鲁亚尔。他生性残暴嫉妒,因王后行为不端,将其杀死。此后他每日娶一少女,翌日晨即杀掉,以示报复。宰相的女儿山鲁佐德为拯救无辜的女子,自愿嫁给国王,然后用讲述故事方法吸引国王,每夜讲到最精彩处,天刚好亮了。国王不忍杀她,允许她下一夜继续讲故事。山鲁佐德的故事无穷无尽,一个比一个精彩,一直讲到第一千零一夜,国王山鲁亚尔说:"凭安拉的名义起誓,我决心不杀你了,你的故事让我感动。我将把这些故事记录下来,永远保存。"于是,便有了《一千零一夜》这本书。

《一千零一夜》先是在阿拉伯地区流传,却只被认为是普通的民间故事,不太受欢迎。直到18世纪初,《一千零一夜》传到西方,谁知却出人意料地爆红一时,大受欢迎。由于它多侧面地、广泛地反映了古代阿拉伯及其周围地区国家的社会现实,所以好奇的西方人爱极了中古阿拉伯社会的这一面"一尘不染的明镜"。法国文学家司汤达就曾感慨道:"我希望上帝让我忘记《一千零一夜》的故事情节,以便我再读一遍,重温书中的乐趣。"从此,《一千零一夜》历经几个世纪都盛传不衰,成为世界上最具生命力、最负盛名、拥有读者最多和影响最大的民间文学巨著。它以民间文学的朴素身份跻身于世界古典名著之列,堪称是世界文学史上的一大奇迹。

《一千零一夜》以浪漫主义的手法和丰富的想象力,以及近乎荒诞的夸张手法著称,它的内容包罗万象,常常把威严的帝王将相与普通的百姓、人们常见的花鸟鱼虫与想象中的神魔鬼怪,巧妙地融入一篇篇情节错综复杂、奇幻诡谲的哲理故事中,自由驰骋的想象力与真切细致的描述一旦碰撞到一起,产生的化学效应必然是营造出了一个枝蔓茂密、曲折多姿而又气势恢宏的艺术幻境。在这些绮丽动人的故事中

动画片中的神灯

包括神话传说、寓言故事、童话故事、爱情故事、航海冒险故事以及宫廷趣闻等等,像《渔夫的故事》、《阿拉丁和神灯》、《阿里巴巴和四十大盗》、《辛巴达航海旅行记》等都是脍炙人口的佳作。

书中故事的主人公大多具有敢于冒险的精神,他们或是与命运抗争,或是与大自然周旋,总之就是与成功路途中的各种艰难险阻以及社会上时不时出现的假恶丑现象不断地斗争、斗争,再斗争!在这个过程中,他们也慢慢地成长为具有大无畏精神的英雄。读者一旦捧起这本汇集了魔幻、悬疑、动作、冒险、爱情、宫斗、怪诞的异域风情故事集,怎么可能抵挡得了它迷人的魅力呢?

像所有民间故事一样,《一千零一夜》的主题也多是赞美和歌颂人民的善良和智慧,抨击和揭露坏人的邪恶和罪行。故事中的人物涉及天仙精怪、国王大臣,也有富商巨贾、庶民百姓,可谓无所不包。书中的内容几乎涵盖了中世纪阿拉伯社会生活的各个方面,描绘出一幅当时阿拉伯社会生活的复杂图画,也正因此,《一千零一夜》后来成为研究阿拉伯历史、文化、宗教、语言、艺术和民俗等多方面内容的珍贵资料。

这个东方民间故事集虽"出生庶族",却对世界文学和艺术的发展功不可没。世界文学巨匠伏尔泰、司汤达、拉封丹、薄伽丘、歌德、乔叟等人,都曾不止一遍地阅读《一千零一夜》,而我们熟悉的《格林童话》、《安徒生童话》、《普希金的童话故事》,都在不同程度上受到这部"天方夜谭"的影响。《一千零一夜》甚至还激发了艺术家们在音乐、舞蹈、雕塑、绘画等艺术领域创作的灵感。在法国浪漫派画家德拉克罗瓦的画作,贝多芬、柴克夫斯基谱写的美妙旋律,法国导演阿历克山德尔的电影里都可以探寻到《一千零一夜》的蛛丝马迹。

"《一千零一夜》仿佛一座宝山,你走了进去,总会发现你所喜欢的宝贝。虽然故事是一个长故事,但是我们若截头去尾,单单取中间包蕴着最小的一个故事来看,也觉得完整美妙,足以满意,这譬如一池澄清的水,酌取一瓢,一样会尝到甘美的清味。"叶圣陶先生如是说。

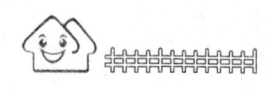

一部让"大和"民族骄傲了十个世纪的作品
——《源氏物语》

读不同的书会带给人不一样的体验,有的书一口气读完酣畅淋漓,直教人大呼过瘾,《源氏物语》不是这种;有的书沉郁顿挫,看过之后让人思绪万千,《源氏物语》也不是这样的风格。读《源氏物语》的秘诀在于一个字——慢,如果你愿意放慢自己的心绪,渐渐融进纸上的字里行间,那么你将会获得一种奇妙的体验:仿若跌进了漫天飞舞的花雨当中,在衣衫裙裾之间,不由得感觉飘飘乎熏熏然。你愿意在闲散之时前往大和民族来一次遥远的穿越吗?这里有一本代表了日本古典文学最高成就的长篇小说——《源氏物语》可以满足你的喜好和期待,请你慢慢地翻开它吧!

作为日本平安时代物语文学的典范,《源氏物语》对于日本文学的发展产生过巨大的影响,被誉为日本古典文学的高峰,在日本开启了"物哀"的时代。《源氏物语》的成书年代一般认为是在1001至1008年间,因此可以说,《源氏物语》是世界上最早的长篇写实小说。《源氏物语》出自一位女性之手,它的作者就是日本平安时代杰出的文学家紫式部。紫式部本姓藤原,但由于当时女性地位低下,一般有姓无名,后因为《源氏物语》的女主人公紫姬备受人们喜爱,故藤原被称为紫式部。受家庭环境的熏陶,紫式部从小就博览群书,精通中国古典文学,尤其对白居易的诗颇有研究。在《源氏物语》中读者就可瞥见这位日本女作家造诣极深的汉学修养。同时她对佛学、音乐、美术、服饰也很有研究,是个涉猎广泛的文艺才女。公元 1005 年前后,藤原道长召名门才女入宫做女官侍奉皇后彰子,紫式部也被召进宫中。进宫后,她给彰子讲解《日本书纪》和《白氏长庆集》,显示出其卓越的才华。其间她有机会欣赏宫中藏书和艺术品,并广泛地接触宫廷生活。长期观书阅世的经历,加上在宫廷生活的体验,紫式部终于写成了一部流传久远的旷世奇作——《源氏物语》。

《源氏物语》共有 54 章,扫一眼目录会看到章节名称大多是人名,读来都极其唯美,颇有意境,如空蝉、花宴、夕雾等。"源氏"是小说前半部男主人公的姓,"物语"意为"讲述",是日本古典文学中的一种体裁,类似于我国唐代的"传奇"。从结构上来看,全书可分为两个部分,前四十一回写的是源氏与周围女性的恋情,后十几回主要描写的是源氏之子薰大将与宇治山庄女子及少女浮舟之间的情感瓜葛。整部小说写尽了平安时期日本的风貌,正如阿瑟·威利所言:"《源氏物语》无与伦比地再现了 11 世纪日本的生活,忠实客观、细致入微地描绘了当时的习俗、礼仪和贵族风尚。"

故事主人公源氏天生"容貌漂亮,仪态优美,竟是个举世无双的玉人儿",他是令人嫉妒的,他虽由地位低下的更衣所生,却备受桐壶帝宠爱,小小年纪就有风韵娴雅、妩媚含羞的姿态。源氏 12 岁就与葵姬结婚,却生性好色,放荡不羁,先后与空蝉、六条妃子、夕颜等人偷情。葵姬死后,源氏纳养女紫姬为正妻。21 岁时,因皇位更替,源氏一度被流放。直到冷泉帝即位时,他才又重获重用,官任太政大臣,荣华绝顶。就在此时,源氏发现自己新纳的夫人与他人有染,并生下一子,这令他深陷痛苦,难以自拔。最后,源氏精神崩溃,遁入空门。小说第四十一回《云隐》,只有题名没有正文,好似绘画中的留白,作者巧妙地暗示了源氏之死。从第四十二回起,就是源氏之子薰君的故事了。他和父亲当年一样,生得年轻俊美,却一直因私生子的身份和爱情的屡屡失意而生活在哀伤之中,最终郁郁而终。小说在充满凄楚悲凉气氛的"宇治十帖"中黯然收场。

《源氏物语》中那些品貌优美、才华出众的男男女女轮番出场,在平安王朝荣华富庶的皇室后宫演绎一出出浓丽哀婉的故事,在杯酒诗笺酬酢之间,流淌的是凄艳悱恻的人生哀愁。从体裁上来说,该书颇似我国唐代的传奇、宋代的话本,但行文典雅,颇具散文韵味,加上书中引用白居易的诗句90余处,还援引了《礼记》、《战国策》、《史记》、《汉书》等中国古籍中的史实和典故,并将之巧妙地隐伏在故事情节之中,偏爱中国古典文学韵味的读者就有福了,《源氏物语》将带来一份特殊的亲切。紫式部认为,物语"详细记录记述着世间的重要事情","由于所有物语写的都是世上的情况和人的种种精神状态,读了它,自然能充分懂得世上的一切情况"。紫式部正是用这样一种以写实为基础的态度,创作出虚境中真实的《源氏物语》。后来它也被称作是日本的《红楼梦》。《源氏物语》比《红楼梦》早了700多年,虽然论世故老辣纯熟、技法工巧浑成远逊于《红楼梦》,但通过讲述一个个凄艳悱恻的爱情故事,不自觉地勾勒出贵族社会的风貌,书写人生命运的悲惨际遇,在这一点上"源氏"与"红楼"确有异曲同工之妙。

紫式部笔下的《源氏物语》涉及3代,历时70余年,共有400多个人物悉数登场,如此篇幅恢弘、文风优雅的宫廷传奇,给后人提供了小说创作的范本。日本小说家川端康成在接受诺贝尔奖时就曾指出:《源》是日本小说创作的最巅峰,他自己的作品也不能与其相提并论。唯美的文风,凄美的故事,宫廷的争斗,这些元素满足了漫画、电视剧、电影的各种需求,后人纷纷将《源氏物语》或描摹上画布,或搬上大银幕。所以,《源氏物语》是一部让日本民族整整骄傲了十个世纪的经典著作,紫式部也不愧为世界文学史上长篇小说创作的一位伟大的先驱!

当你将八十余万字的《源氏物语》捧在手里,读着那些浓艳纤软的文字,从纸上油然而生的是一种细致隽永的美感,跟随紫式部的文笔,你会感觉好似在看一场宛如繁华锦绣的屏风之后金光明灭的传奇。紫式部将汉学文化的精髓,融入"菊花与刀"的世界,为后人留下一本充满着香花气息、朦胧情愫,却也带着宿命、玄机和悲伤的小说。

人文主义的神圣喜剧
——《神曲》

"走自己的路,让别人说去吧!"这句话最早出自谁的笔下?想象一下上有"天堂",下有"地狱",中间有"炼狱"的世界是怎样的景观?一个9岁就陷入情网,并且一生都钟情于那个女子的男人是怎么给她写情书的呢?所有的答案尽在但丁的《神曲》当中。

《神曲》,是意大利诗人但丁的长篇史诗。但丁原为长诗取名为《喜剧》,后来《十日谈》的作者薄伽丘因为对这部作品推崇备至,故在他向世人推荐的时候,在原名前加上"神圣(divine)"一词,从此就被后人译作《神曲》。

"封建的中世纪的终结和现代资本主义纪元的开端,是以一位大人物为标志的。这位人物就是意大利人但丁,他是中世纪最后的一位诗人,同时又是新时期的最初一位诗人。"(恩格斯语)阿里吉耶里·但丁(1265—1321),意大利中世纪诗人,出身于佛罗伦萨一个没落的贵族世家,博学多才的他曾担任过佛罗伦萨最高行政长官,后因政治原因被当局流放。如同"仲尼厄而作《春秋》,屈原放逐,乃赋《离骚》"一般,但丁也是被流放

但丁塑像

而谱《神曲》。1307年，但丁的流放生活处于最痛苦的阶段，恰如《神曲》的开篇："当人生的中途，我迷失在一个黑暗的森林里……"此后，他便开始了其一生中最重要作品的创作，直到1321年诗人逝世前方才完稿。

这部作品采用了中古文学特有的幻游形式，作者以自己为主人公，描述了1300年复活节前星期五的凌晨，迷途于黑暗森林的故事。长诗像是但丁的一场纷繁而有序的梦游，也像是一篇记者采访手记。在罗马诗人维吉尔的陪同下，记者但丁穿过地狱、炼狱，随后其梦中情人圣女贝雅特里齐又带他游历天堂，一直到见到上帝。这期间但丁采访了地狱、炼狱及天堂中各界名流和有识之士，通过与他们的交流，但丁笔下的"采访笔记"客观地呈现出了佛罗伦萨从封建关系向资本主义关系过渡时期的社会和政治变化，反映出了中古文化领域的成就和一些重大的问题。全诗带有"百科全书"性质，"成为研究中世纪文明的一把钥匙"。

《神曲》的结构严整奇伟，这与但丁深谙诗学、修辞学之道密不可分。全诗分为三个部分——地狱、炼狱、天堂，每部33篇，最前面增加一篇序诗，一共100篇，有表示完美之意。诗句的组合方式是三行一段，每一段都是连锁押韵（ABA，BCB，DCD……），各篇长短大致相等，每部也基本相等（地狱4720行；炼狱4755行；天堂4758行），每部都以"群星"（stelle）一词结束。《神曲》在结构上以"三"或"九"布局，其工整、匀称的安排与体现着宗教含义的特定数字的框定有直接关系，譬如地狱、炼狱、天堂三个境界，就有基督教"三位一体"之寓意。同时，但丁还开创了用意大利语写作的先河，促进了意大利民族语言的统一，引领文学摆脱教会束缚，迎向近代的朝晖。

除了结构修辞的精巧外，《神曲》的内容其实是一个巨大的隐喻。"唉，奴隶般的意大利，你哀痛之逆旅，你这暴风雨中没有舵手的孤舟，你不再是各省的主妇，而是妓院！"（《神曲》）从黑暗的森林、地狱、炼狱到天堂的整个过程，代表由懵懂、挣扎、渴望直到救赎的历程。诗中的来世正是现世的反映：地狱是现世的此岸，天国是理想的彼岸，炼狱则是从此岸通往彼岸的苦难历程。但丁希望借此书传递个人的经验和认知,引导读者省察人性的罪恶,思索当时社会混乱的局面,并试图指出解决之道,就像但丁在给斯加拉大亲王的书信中所说,他创作《神曲》的动机是:"要使得生活在这一世界的人们摆脱悲惨的遭遇,把他们引到幸福的境地。"

在这部长达 14233 行的诗中,但丁坚决反对中世纪的蒙昧主义,他笔下的上帝已经渗透了近代意义上的人本意识,炽烈的

《神曲》插图

人文主义色彩似乎在昭示某束浑然未知却又令人期待的曙光,这便是即将到来的文艺复兴时代。《神曲》是欧洲古典四大名著之一,充分呈现了中世纪向近代文明过渡时期欧洲文学和文化的特征,是文艺复兴时期的先声之作,也是中世纪文学的巅峰杰作,对欧洲后世的诗歌创作有着极其深远的影响。

但丁是欧洲文学史上具有划时代意义的诗人,他与莎士比亚和歌德并称为世界三大文学巨匠。《神曲》中绮丽诡谲的想象令人叹为观止:地狱是一个巨大无比的深渊,从地面通到地心,形状像圆形剧场;炼狱是一座雄伟的高山,耸立在南半球的海洋中,山顶是地上乐园;天国由托勒密天文体系里的九重天和超越时间、空间的天国构成,这九重天环绕着大地旋转,天国是永恒静止的。三个境界由实而虚、依质量轻重层层垒叠,给人一种引体向上、飘然若仙的升腾感,由此呈现出哥特式建筑的造型艺术美,其文笔真切,色调自然,让人身临其境。

但丁有着异于常人的成熟心智和沉稳性格,多年的磨砺也给了他卓

越的学识和广阔的见识，正是这些积累让他拥有了先知一样的预见力和老者一般的判断力。当然，成熟的心智这并不妨碍他的"童心泛滥"，读《神曲》时，你仿佛能看到一个天真烂漫的孩子，他按照自己的价值观念构建出一个幻象世界，在这里有地狱、炼狱和天堂，他把所有不喜欢的国王、教宗、学者通通都打入地狱，这种私开模拟小法庭的举动，就足见诗人的可爱之处了。然而，这个充满童心的男子又是一个早熟的痴情男，他在9岁时就对一个女孩一见钟情，多年后又在街头与之浪漫邂逅，再见定情，谁知这个女孩24岁时就华年夭逝，从此但丁以滔滔不绝的情诗追忆这个女孩，创作出一系列"温柔的新体诗"，并一生痴迷怀念着她。这个女孩就是《神曲》中圣女贝雅特里齐的原型。"我的眼睛这边和那边都有一堵漠不关心的墙——圣洁的微笑用旧时的情网把我的眼光吸引住了。"(《神曲》)可以说，《神曲》就是但丁写给贝雅特里齐的一封长篇情书。

　　从古希腊到罗马，从理性和哲学到信仰和神学，新民族的洗礼，新旧文化的融合，《神曲》把诗人的内心生活经验、宗教热情、爱国思想和政治文化等方面的重大问题，与历史和现实，古典和基督教的各种因素融合为一个整体，但丁试图将自己的哲学、宗教、政治、道德等观念，全部熔于一炉。因此，这部巨著能令阅读者汲取到西方文化的精髓，《神曲》简直就是西方文化的"大观园"，足以令咱们这些看花了眼的"刘姥姥"们大开眼界，满载而归。

一部属于所有世纪的经典

——《莎士比亚全集》

还记得2012年伦敦奥运会的开幕式吗？是否惊讶于开幕式创意无限的惊人想象力？伦敦奥运开幕式总导演丹尼·博伊尔说，伦敦奥运开幕式的设计灵感，来源于英国大文豪莎士比亚的戏剧《暴风雨》。不仅如此，导演还干脆让英国莎士比亚戏剧演员布拉纳朗诵了《暴风雨》台词："不要怕，这岛上充满了各种声音。"这句话，也被刻在现场悬挂的奥林匹克大钟上。那一刻，莎翁点燃了伦敦之夜！

1564年，人类迎来了两位伟大的人物，一个是"近代科学之父"伽利略，另一个就是"最伟大的戏剧天才"莎士比亚。威廉·莎士比亚（1564—1616），是英国文艺复兴时期最伟大的诗人、戏剧家，作为欧洲文艺复兴时期人文主义文学的集大成者，他一生著作颇丰，以戏剧见长，戏剧是莎翁文学创作的最高成就。《莎士比亚全集》共收录莎士比亚留存至今的37部戏剧、2部长篇叙事诗和154首十四行诗，还有一些杂诗。这部世界最伟大的戏剧大师的作品全集，成为人类文化史上不可企及的典范。

威廉·莎士比亚

如今，有多少人会记得塞万提斯的《堂·吉诃德》、拉伯雷的《巨人传》？但若是提到"王子复仇记"（《哈姆雷特》）或是经典爱情悲剧《罗密欧与朱丽叶》，几乎妇孺皆知。不管你信不信，反正与塞万提斯和拉

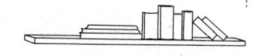

伯雷同时代的莎士比亚确实创造了一个奇迹，他的作品几乎"秒杀"任何一个时代，可以超越任何一种文化。一代代的粉丝们前仆后继，疯狂膜拜，高亢地背诵着莎剧中的经典台词，一次次地将莎士比亚戏剧搬上舞台，还顺带八卦着有关他的宗教信仰之谜和"代笔门"危机等等，不甚欢乐。难怪与莎翁同时代的剧作家本·琼森赞誉他为"时代的灵魂"，认为"他不属于一个时代，而属于所有的世纪"。

莎士比亚小时候曾为家乡小镇上的剧团演出着迷，21岁后离开小镇来到伦敦，在一个剧院落脚，从跑腿杂役干到正式演员，后来开始尝试创作戏剧剧本。这位27岁的戏剧天才，仅凭借他的第一部戏剧作品——历史剧《亨利六世》，就在伦敦的戏剧界站稳了脚跟。四年后，一出《罗密欧与朱丽叶》的大戏，更是将他推上了"戏剧大亨"宝座，一时间，莎士比亚名震英伦。

这里按照莎翁创作的题材，为读者朋友呈现《莎士比亚全集》的概貌，让我们一起来共同感受莎翁编排的这一出多幕大戏吧！

首先要介绍的第一幕大戏，自然是莎翁在初出茅庐时最擅长的历史剧。他一生共创作10部历史剧，如《亨利四世》、《亨利五世》、《查理三世》等，其中《亨利四世》是莎士比亚历史剧的代表杰作。莎士比亚笔下的历史剧能够把庄严典雅的宫廷生活和金戈铁马的战争场面以及五光十色的市民生活融为一体，构成一幅全景式的社会画卷。这种强大的空间融合力使得剧作场面广阔，精彩纷呈，具有史诗般的恢弘与壮阔。

在创作历史剧之余，莎翁也用幽默戏谑的喜剧和甜蜜温情的诗歌来赞美友谊和爱情，蕴藏其中的青春与生命的气息喷薄而出。莎士比亚著名的四大喜剧:《仲夏夜之梦》、《威尼斯商人》(莎翁喜剧作品的代表作)、《第十二夜》、《皆大欢喜》，皆是抒情性的浪漫剧，宣扬一种人文主义的生活理想。同时，莎士比亚的十四行诗也吸引了许多读者。诗歌中的"甜蜜"成分是其"独家秘方"，诗歌的语言瑰丽，感情真挚，尽显理智与仁慈的光辉，流露出对自然人性的赞美。

"生存还是毁灭(To be, or not to be…)"，即使你没有读过莎翁，也一定对这句台词如雷贯耳。这句话就出自莎士比亚的悲剧代表作《哈姆莱特》。这里,我们就拉开了奠定莎翁戏剧泰斗地位的关键一幕:"悲剧专场"。莎士比亚笔下的"四大悲剧"——《哈姆雷特》、《奥赛罗》、《李尔王》、《麦克白》,都是历久弥新、精彩绝伦的著名剧作,其中《哈姆莱特》最受人们推崇。这个丹麦王子为父复仇的故事被誉为是莎翁一生创作的最高成就。莎士比亚的悲剧往往通过英雄的毁灭,通过对人性的深刻剖析,揭示权势和金钱导致人堕落的事实,但是在道义上留给人们些许安慰和丝丝光明,他相信"仁厚"最终仍将是胜利者。因此,在这一出出的悲剧中,仁慈、忠厚、博爱成了映照灵魂善恶是非的明镜,像哈姆莱特这样的悲剧英雄则代表着人性的善和正义,他们以自身的毁灭来昭示出人类向善的力量,给人以自救的信心,这也是为什么莎翁笔下的悲剧总有悲壮崇高的气魄和哀而不伤的味道的原因。此外,你一定感到奇怪,那部英国版"梁山伯与祝英台"——《罗密欧与朱丽叶》哪里去了?必须特别说明的是,虽然《罗密欧与朱丽叶》以双双殉情的悲剧结局收场,但它并非悲剧类型,而是属于正剧、悲喜剧一类,这部剧在悲剧的结局中讴歌的是自由的人性和美丽的爱情。

电影《哈姆雷特》剧照

晚年的莎士比亚还创作了《泰尔亲王配力克里斯》、《辛白林》、《冬天的故事》、《暴风雨》四部传奇剧。在他创作生涯的最后阶段,和解、宽恕、博爱、道德感化成了基本主体,这些传奇剧在艺术上也表现出宗教的空灵风格。其中《暴风雨》是莎士比亚传奇剧的代表作,也是莎翁一生带有总结性质的剧作,被后人称作是莎士比亚"诗的遗嘱",莎翁怎会想到自己的这封"遗嘱"竟成为几百年后伦敦奥运会开幕式的灵感来源!

《莎士比亚全集》是以证明,江湖中莎翁的名号并非浪得虚名,这位传奇大师在思想和艺术上的造诣绝非一般人所能企及。莎士比亚的"杀手锏"是对人物形象的塑造,他善于在善与恶的双重矛盾中真实地展现人心的丰富复杂,对他而言,人的内心就是宇宙。如此,人们才看到了他所刻画出的典型人物,如哈姆莱特、麦克白、李尔王、夏洛克等,他们鲜活多姿、立体多面、各具情态。同时,莎士比亚对戏剧结构也独具匠心,在作品中他喜欢采用多线索式的多层次架构,这使得戏剧的内容有厚度,情节有节奏,读来紧张生动、扣人心弦。"把玩"语言更是莎士比亚的拿手绝活:描写喜剧时,他的语言形象生动、机智风趣,颇具奇思妙想;在悲剧的讲述中,深沉凝重、华丽典雅、富含哲理的语言又比比皆是,如此娴熟的语言转换,令人叹为观止!据统计,与他同时代的作家一般拥有4000～5000个词汇,而莎士比亚竟拥有15000多个词汇,来自于他戏剧中的名言和词汇,在《牛津名句词典》中,竟然独占65页,莎翁不愧为一代语言宗师!

莎士比亚的创作思想拥有一种上帝式的宽广和基督式的深沉,他的人文主义理想成为与古希腊、罗马文化互补的文化养料。莎翁留下的《莎士比亚全集》是艺术宝库中的一座丰碑,是熠熠闪光的一颗启明星,它不仅照亮了人类的艺术天际,而且唤醒了人们内心浪漫、自由的人性情怀,是一部咏唱人类心灵的伟大作品!

一部反骑士的骑士小说

——《堂·吉诃德》

"到了地球的尽头问人们'你们可明白了你们在地球上的生活？你们该怎样总结这一生活呢？'那时，人们便可以默默地把《堂·吉诃德》递过去，说：'这就是我给生活做的总结。你们难道能因为这个而责备我吗？'"陀思妥耶夫斯基如此评论塞万提斯的《堂·吉诃德》。这是一部带着"后现代"式的荒诞不经的小说。在这部小说中，有一个干瘪枯瘦的老头，他骑着一匹瘦骨嶙峋的老马，戴上头盔，举起长矛，嚷嚷着要替天行道，行侠仗义。不论是西方的骑士控，还是中国的武侠迷，千万不能错过这个反骑士文学《堂·吉诃德》！

文艺复兴时期，西班牙著名小说家塞万提斯(1547—1616)经历一生的苦难，终于酝酿出一部文艺复兴时期西班牙乃至欧洲最杰出的作品《堂·吉诃德》。塞万提斯本人命途多舛，他的人生经历颇具西班牙的冒险色彩：年轻时，他走上战场，在作战中多次负伤，甚至左手被截。结束戎马生涯归国后，并没有受到国王的重视，仍旧过着穷困潦倒的生活。塞万提斯还多次被诬告入狱，就连他那不朽的《堂·吉诃德》也有一部分是在监狱里构思和写

塞万提斯塑像

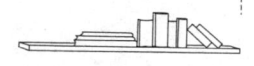

作的。

17世纪的西班牙文坛，骑士小说泛滥，宫廷和教会利用这种文学，大肆鼓吹骑士精神，以维护他们的封建统治。一直处在西班牙社会底层苦苦挣扎的塞万提斯，由于亲身体会了中世纪的封建制度给西班牙带来的痛苦和灾难，因而极其憎恨骑士制度和骑士文学。为了唤醒沉迷幻境的大众，他立志"要把骑士文学的万恶地盘完全捣毁"，"要世人厌恶荒诞的骑士小说"，于是塞万提斯在无穷无尽的悲催遭遇中摸透苦难的心窍，他的眼前出现了一个骑瘦马、举长矛的疯癫骑士堂·吉诃德。1605年，一部反骑士小说的代表作——《堂·吉诃德》第一部横空出世了！

《堂·吉诃德》原名《奇情异想的绅士堂吉诃德·德·拉·曼却》。"曼查有个地方，地名就不用提了，不久前住着一位贵族。他那样的贵族，矛架上有一支长矛，还有一面皮盾、一匹瘦马和一只猎兔狗。"在这样一句著名的开场白之后，塞万提斯开始讲述一个骑士小说粉丝的荒诞故事。这个"骑士粉"是古代西班牙小村庄里的老式绅士，年近五十，面上无肉，骨瘦如柴，整日沉浸在骑士狭义小说中，以致把自己幻想成为盖世无双的骑士游侠，然后真的决定要去"闯荡江湖"、"扶良锄恶"了！他拼凑了一副盔甲，骑上瘦马，自取江湖诨名——堂·吉诃德。一日清晨，堂·吉诃德穿甲执盾，跨上瘦马，带着他的仆人桑丘，便开始了他的游侠事业。堂·吉诃德一共经历过三次出巡。可以想象，如此一位"江湖侠客"，倒大霉是意料之中的，最著名的一次就是大战风车的情节。他把风车当成巨人，英勇挺矛向它冲去，结果自然是被"风车巨人"打破了头。堂·吉诃德不以为然，一直沉浸在自己骑士游侠的幻想中，他游侠到何方，哪里的百姓就遭殃，他自己也弄得头破血流、遍体鳞伤。最后，一直闹到险些丢了性命才被亲友送回家。在《堂·吉诃德》中，这个疯癫骑士在临终前终于幡然醒悟，不许他唯一的亲人——侄女嫁给读过骑士小说的人，否则就剥夺她的遗产继承权。

塞万提斯采用以子之矛攻子之盾的方法，效仿骑士小说的形式，塑造了堂·吉诃德这样一个可笑的骑士形象，"以嘲笑来埋葬了骑士的世界和骑士的文学"(弗里奇语)。拜伦也很欣赏《堂·吉诃德》,说塞万提斯微笑地挥去了骑士制度。《堂·吉诃德》的第一部出版后,宫廷市井,争相传诵,雅俗共赏,几个星期之内就销售一空,后来又印了16版。然而令人诧异的是,此等畅销盛况竟并没有帮助塞万提斯摆脱贫困,他依旧在落魄的生活泥潭中纠结挣扎,而《堂·吉诃德》的走红反倒是引来了伪书党的觊觎。面对伪作的《堂·吉诃德》第二卷,"文坛侠客"又披挂上阵与文化盗贼展开搏斗,终于在1615推出了正牌《堂·吉诃德》第二部。一年后,塞万提斯因水肿默默离世,如此一个靠对光荣岁月的回忆和

电影《骑士堂·吉诃德》

可怜兮兮的文学之梦过活的老兵,在生前饱尝冷遇,死后竟也落得坟冢不知下落的悲凉结局。

　　《堂·吉诃德》塑造了可笑、可敬、可悲的骑士堂·吉诃德和求实胆小却聪明公正的农民桑丘,是"行将灭亡的骑士阶级的史诗,一部伟大的现实主义文学名著"。小说中描绘的场景从宫廷到荒野,遍布西班牙全国,展现出社会的各种矛盾冲突,同时又着笔于公爵、公爵夫人、封建地主、僧侣、牧师、兵士、手工艺人、牧羊人、农民,不同社会阶层的男女各色人物一共700多个,对比封建贵族的荒淫腐朽和人民的艰难痛苦,故事的内容触及政治、经济、道德、文化、风俗、宗教等方方面面的问题。所有这些共同呈现出西班牙在16世纪和17世纪的社会全景风貌。整部小说包罗万象,故事情节跌宕诙谐,既有浪漫主义的传奇色彩,又有现实主义的批判元素。

　　俄国批评家别林斯基精辟地评价道:"在欧洲所有一切著名文学作品中,把严肃和滑稽,悲剧性和喜剧性,生活中的琐屑和庸俗与伟大和美

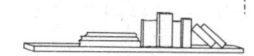

丽如此水乳交融……这样的范例仅见于塞万提斯的《堂·吉诃德》。"雨果也曾说:"塞万提斯的创作是如此地巧妙,可谓天衣无缝;主角与桑丘,骑着各自的牲口,浑然一体,可笑又可悲,感人至极……"孤寂一世的塞万提斯留下了一部"嬉笑怒骂皆成文章"的反讽杰作,当堂·吉诃德成为一个标志性的记号,成为脱离实际、沉迷幻想的代言人时,也许它的创作者塞万提斯更应该永远被历史铭记。

现代小说迷们一定会发现,在现代小说中的一些写作手法,譬如真实与想象、严肃与幽默、准确与夸张、故事中套故事,甚至作者走进故事,对小说指指点点、评头论足等等,早在《堂·吉诃德》中都出现了。所以米兰·昆德拉会说:"塞万提斯发明了现代小说。"因此,在艺术上,塞万提斯批判继承了西班牙骑士小说和流浪汉小说的传统,用《堂·吉诃德》开创了欧洲近代现实主义小说的先河,奠定了现代小说的基础,它代表着欧洲文艺复兴时期小说的最高成就。

一个人的荒岛传奇
——《鲁滨逊漂流记》

是否曾有过独自一人踏上探险流浪之旅的冲动和狂想？如果有,那就应该读《鲁滨逊漂流记》,它简直就是每个"冒险家"通往梦想之旅的生存手册!"一个人"、"荒岛"、"历险记",如果看到这些词语,会让你感到荡气回肠和热血沸腾吗?那么请赶紧捧起《鲁滨逊漂流记》!

《鲁滨逊漂流记》讲述了一个不安分少年鲁滨逊·克鲁索的传奇故事。"在人类的感情里,经常存在着一种隐秘的原动力,这种原动力一旦被某种看得见的目标吸引,或是被某种虽然看不见,却想象得出来的目标所吸引,就会以一种勇往直前的力量推动着我们的灵魂向那目标扑过去,如果达不到目标,就会叫我们痛苦得受不了。"(《鲁滨逊漂流记》)18岁的鲁滨逊,"放着好好的日子不过",一心就想航海探险。他不听父亲的劝说,自以为是地从灵魂中带着漂泊的心奔往一望无际的广阔大海,在遭遇一场航海事故之后,一个人漂到一座荒岛上,一待就是28年。

在这个原始的荒岛上,鲁滨逊对抗着脏兮兮的孤独,终日向上帝虔诚祷告。这期间他遭遇过食人的野人,营救过一个俘虏,为之取名"星期五",驯化他并与之相伴。鲁滨逊在荒岛上修建住所,种植庄稼,驯养家畜,制造器具,缝纫衣服……鲁滨逊创造了人类的奇迹,用自己的头脑和双手把荒岛改造成一个"世外桃源",他成为这方土地上成功的拓荒者。此后,他历经千辛万苦,终于得以离岛,并成功返回文明世界。小说中的鲁滨逊一生多次出海冒险,历尽生死考验,完成了一个时代的英雄人物的传奇创业历程。

《鲁滨逊漂流记》这部经典小说出自英国人丹尼尔·笛福（1660—1731）的笔下，他可谓是"其文如其为人"这句话的最佳注解者。作为英国现实主义小说的开山之祖，丹尼尔·笛福人生经历的传奇惊险程度与他笔下的鲁滨逊相比有过之而无不及：他青年时曾经商，后又热衷参加政治活动，身为新闻记者的他是报社撰写政论文章的一支有力的笔杆子。因他的文章得罪了国王和执政党，笛福曾三次入狱，多次经历逃亡的磨难，丹尼尔·笛福传奇而惊险的不凡经历仿佛在冥冥中为他的小说创作之路埋下了伏笔。在一次朋友聚会上，他机缘巧合地听闻一位名叫亚历山大·塞尔柯克的苏格兰水手流落荒岛的离奇经历。这个真实的故事深深吸引了笛福，他立刻萌生创作小说的强烈念头。随后，丹尼尔·笛福以塞尔柯克的传奇故事为蓝本，倾注自己多年的海上经历和冒险体验于其中。他新闻记者的职业惯性使得其写作的文风行笔新闻范儿十足，内容通俗易懂、文字简洁明了。

　　终于，1719年4月25日《鲁滨逊漂流记》首次出版问世。这部妙趣横生、雅俗共赏、老少皆宜的传记体小说，第一人称的笔法行文逼真亲切，可读性极强，颇具吸引力。小说一问世便"一石激起千层浪"，拥趸者接踵而至，在一年内竟连续印了四版。这是丹尼尔·笛福的第一部小说，也是其最成功的一部作品。那年，59岁的丹尼尔·笛福也因此博得了"英国和欧洲小说之父"的美誉。随后，笛福趁热打铁，又继续创作了《鲁滨逊漂流续记》《鲁滨逊的沉思集》等作品。但是丹尼尔·笛福终生没能挤入当时有名的文人圈。在笛福生命的最后几年中，他体弱多病，孤独无伴，1731年，丹尼尔·笛福去世，终年71岁。小说中的鲁滨逊在荒岛上度过28年后重返文明社会，而现实中的笛福却没能走出他的"荒岛"，始终孤独而惶恐。

　　"一千个人眼里有一千个哈姆雷特"，后人对《鲁滨逊漂流记》有着全方位、多角度的各种解读，有的人称颂鲁滨逊敢于冒险、勇于探索的大无畏创新精神；有的人在鲁滨逊的征服探险经历中看到了资本主义发展的政治隐喻，也有人发现了"上帝之光"，认为鲁滨逊在孤岛上创造的不仅仅是房屋、农田和畜牧,而且是一座朝圣的庙宇。但无论从哪个角度去评价、解读它,都没有人会否认《鲁滨逊漂流记》首先是一个情节跌宕起伏、人物饱满、富有张力的精彩故事,对于一部经典小说而言,这还不够让我们拍手叫绝吗?

法国大革命的号角和福音书
——《社会契约论》

"人是生而自由的,但却无往不在枷锁之中。"300多年前,有一位启蒙思想家写了一本名叫《社会契约论》的著作,他用寥寥100多页的篇幅,独具创意地论述了几个核心概念,而它们几乎是任何一个人类社会的全部要素。你想去看一看这位伟大的自由思想斗士所构建的"理想国"会有怎样的图景吗?那就先走进它的缔造者——卢梭的精彩世界吧!

让·雅克·卢梭(1712—1778),瑞士裔的法国伟大的启蒙思想家、哲学家、文学家、教育家、政治理论家和作曲家,他是18世纪法国大革命的思想先驱,也是法国启蒙运动最卓越的代表人物之一。卢梭出生于瑞士日内瓦的一个钟表匠家庭,祖上是从法国流亡到瑞士的新教徒,他的母亲在他出生后因难产而去世。由于家境贫寒,卢梭并没有机会接受系统性的教育,但由于他的父亲嗜好读书,卢梭耳濡目染地沿袭了父亲的这一喜好。卢梭的母亲遗留下不少小说,因此父亲常常和他在晚饭后互相朗读这些书籍。卢梭7岁时就已经将家里的书籍遍览无余,他常常跑到外面四处借书,如饥似渴地读书。不过,

卢梭像

与书籍相伴的快乐童年很快结束，13岁的卢梭被迫外出独立生活，这期间他当过学徒、杂役、家庭书记、教师、流浪音乐家等，后被通缉流亡国外。

1742年，卢梭搬到巴黎，此间，他与德尼·狄德罗认识，并从1749年起参与《百科全书》的撰写，最重要的贡献是1755年写的关于政治经济学的文章。1750年卢梭以《论科学与艺术》一文赢得第戎学区论文比赛首奖，因此他在巴黎一举成名。卢梭的作品语言风格独特，钟爱独白式的写作风格，文采极具浪漫激情。然而，也许是他的个性太强，也许是其性格古怪，卢梭虽然与他那个时代的一些著名思想家大多相识，但结果却无一例外地反目成仇，这其中就包括法国的另一位启蒙思想家伏尔泰，与之一同编写《百科全书》的狄德罗，以及英国的大卫·休谟。

1778年7月2日，已患"逼害性心理分裂症"的卢梭在巴黎东北面的阿蒙农维拉去世，他死时穷困潦倒，死前被马车撞翻，又被狗扑伤践踏。虽然卢梭生前遭人唾弃，但是死后却受人膜拜。卢梭死后被安葬于巴黎先贤祠，1791年12月21日，国民公会投票通过决议，给大革命的象征卢梭树立雕像，以金字题词——"自由的奠基人"。

这位崇尚自由的启蒙先贤涉猎极广，他一生留下了许多具有里程碑意义的著作，这些作品构筑城西方思想史上的一座丰碑。在文学方面，卢梭的代表作有《忏悔录》、《新爱洛漪丝》；他在教育领域也颇有心得，所著《爱弥儿》仍是当今教育学的必读经典；他甚至对植物学也甚有研究，写成《植物学通信》一书。但综合观之，卢梭的著作影响力最大、最深远的还是在政治思想方面，他的《论人类不平等的起源和基础》和《社会契约论》等政治性作品，给后人留下了一笔丰硕的政治学财富，他通过这些著作提出"人生而自由"与"天赋人权"思想，而"主权在民"的政治理念一直影响到现代社会的各种政治制度，因此，卢梭毫无疑问地成了法国启蒙运动的精神领袖，同时，他也被誉为"现代民主政体之父"。

《社会契约论》（又译《民约论》，或称《政治权利原理》）是思想家卢梭于1762年写成的一本书，该书出版后在当时一度遇冷，无人问津，随着时代的进步和发展，它成了反映西方传统政治思想的最有影响力的著作之一。可以说，《社会契约论》中的"主权在民"理论一问世，就划分了一个时代，这成为现代民主制度的基石，深刻地影响了逐步废除欧洲君主绝对权力的运动，以及18世纪末北美殖民地摆脱英帝国统治、建立民主制度的斗争，引发了震惊世界的法国大革命，正因如此，此书被誉为"人类解放的第一个呼声，世界大革命的第一个煽动者"。之后，美国的《独立宣言》和法国的《人权宣言》及两国的宪法均体现了《社会契约论》的民主思想，就连法国国家格言"自由、平等、博爱"也来自于这部杰作。

《社会契约论》在结构和内容上共分为四卷。第一卷论述了社会结构和社会契约；第二卷阐述主权及其权利；第三卷阐述政府及其运作形式；第四卷讨论几种社会组织。卢梭相信，一个理想的社会建立于人与人之间而非人与政府之间的契约关系。与约翰·洛克一样，卢梭认为政府的权力来自被统治者的认可。卢梭声称，一个完美的社会是为人民的"公共意志"（公意）所控制的，虽然他没有定义如何达成这个目标，但他建议由公民团体组成的代议机构作为立法者，通过讨论来产生公共意志。

卢梭在《社会契约论》中的主要表述是探究是否存在合法的政治权威，"人是生而自由的，但却无往不在枷锁之中。"他所说的政治权威在我们的自然状态中并不存在，所以我们需要一个社会契约。在社会契约中，每个人都放弃天然自由，而获取契约自由；在参与政治的过程中，只有每个人同等地放弃全部天然自由，转让给整个集体，人类才能得到平等的契约自由。

卢梭阐明政府必须分成三个部分：主权者代表公共意志，这个意志必须有益于全社会；由主权者授权的行政官员来实现这一意志；最后，必须有形成这一意志的公民群体。他相信，国家应保持较小的规模，把更多的权利留给人民，让政府更有效率。人民应该在政府中承担活跃的角色。人民根据个人意志投票产生公共意志。如果主权者走向公共意志的反面，那么社会契约就遭到破坏；人民有权决定和变更政府形式和执政者的权力，包括用起义的手段推翻违反契约的统治者。

如果说文艺复兴终结了一个旧的时代，那么新时代的开启一直顾盼至此，而卢梭无疑是那个时代的瑰宝。卢梭在《社会契约论》中将"人生而自由"、"天赋人权"和"主权在民"等独特新颖的政治思想以振聋发聩的声响向世人宣告，他以浪漫之魂勾画出人类社会"理想国"的优美轮廓。虽然，有人说卢梭是一个极其神经质的人，是一个思想不切实际的思想家，但正是他的敏锐洞察力和杰出创造力所闪现出来的智慧火花，才得以照亮了一个新时代启蒙之旅的漫漫征途！

一首忧伤的青春之歌
——《少年维特的烦恼》

"青年男子谁个不善钟情？妙龄女人谁个不善怀春？这是人性中的至洁至纯，为什么从此中有惨痛飞进？可爱的读者哟，你哭他，你爱他，请从非毁之前救起他的声名；请看，他出穴的精魂在向你目语：做个堂堂的男子，不要步我后尘！"这是 18 世纪伟大的德国作家歌德写在小说《少年维特的烦恼》正文前的一段诗意盎然的卷首语。当时 25 岁的文坛新秀歌德，只用了四个星期的时间，就写出了这本"爱情日记"，它令青年歌德一夜爆红，为他成为德国文坛风云巨匠奠定了基础。

《少年维特的烦恼》的第一版于 1774 年问世，是歌德早年时期最重要的一部著作，也是德国"狂飙突进运动"最丰硕的成果。在《浮士德》的第二部出版以前，在欧洲足足有 50 年之久，歌德的名字总是和《少年维特的烦恼》连在一起的。在这部小说中，歌德创造性地用日记和书信体写尽了少年维特的烦恼。全书可分为第一编和第二遍两部分，没有章节，没有标题，只有一个又一个向前推进的日期。主人公维特是个能诗善画、对大自然无比热爱的有志青年，他向往自由和平等的生活，希望从事有意义的实际工作。但是，他身处的社会却充满着等级的偏见和鄙陋的习气。保守腐败的官场，庸俗屈从的市民，趋势傲慢的贵族，这些都使他和周围的现实不断发生冲突。维特在一次乡间舞会上认识了年轻貌美、善解人意且富有教养的法官的女儿绿蒂，一见钟情，从此深陷爱情的泥潭之中，不能自拔。然而悲剧的是，绿蒂早已和一名叫阿尔伯特的青年订婚在先，维特爱上了一个不该爱的人。不久，绿蒂的未婚夫旅行归来，并且与维特相识，两人竟然成了好朋友。阿尔伯特老成持重的性格和强烈的事业心与感情奔放、自由潇洒、不愿受拘束的维特形成了鲜明的对照，维特自感追求绿蒂已毫无希望，心灵上蒙上了厚厚的阴影。爱情的绝望，世态的炎凉，官场的腐败，这一切都使得维特再也无法忍受，最终，他举起手枪，用一颗子弹结束了生命。从此，少年维特再也没有了烦恼。

电影《少年维特的烦恼》剧照

小说以诗情画意的笔触，给文坛吹来一阵清新自然的风。歌德摆脱了传统的束缚，拒绝一切清规戒律，充分发挥书信体功能，让主人公以第一人称的身份向读者述说自己的遭遇和情怀，使读者与维特产生直接的交流和共鸣，人们好像看到维特捧来一颗热情鲜活而真诚的心，无不为之动容。这种写法开创了德国小说史的先河。歌德之所以能够如此真切地说出维特的内心感受，又如此深刻地表现出维特的内心世界，很大的原因在于，小说的部分情节是青年歌德爱情经历的真实写照：歌德在韦茨拉尔的帝国最高法院实习期间，他结识了年轻的夏洛特·布夫，并爱上了她，可夏洛特已经和一位名叫约翰·克里斯蒂安·凯斯特纳的法律工作者订了婚，经过痛苦抉择后，歌德决定逃离这场爱情漩涡。之后，他又认识了一位枢密顾问的女儿马克西米利安娜·冯·拉·罗歇。这两个女子后来就成了小说中绿蒂的原型。歌德又想起，他曾听夏洛特的未婚夫凯斯特纳说过一位叫耶路撒冷的年轻同事，因恋爱失败而自杀的事情，他特地"采访"了熟知耶路撒冷的人，后来这些"采访笔记"和他自己对耶路撒冷的些许记忆共同构成了小说的片段。比如在小说中，维特用向情敌阿尔伯特借来的枪自杀了，而现实中，耶路撒冷自杀的枪是向歌德的情敌凯斯特纳借来的。歌德巧妙地把自己的爱情经历和耶路撒冷的人生悲剧融合起来，只用了不到四周的时间，就写出了这部书信体小说。据歌德本人说，他写《少年维特的烦恼》，是为了抵消爱情的痛苦并使自己从自杀的念头中摆脱出来，这又是一个为情所困的少年啊！

《少年维特的烦恼》刚一出版，就以惊人的速度很快风靡德国和整个欧洲。这是歌德的第二部小说，也是他的成名作，这本小说后来被翻译成多种文字，成为德国第一部在国际上有重大影响的文学作品。

《少年维特的烦恼》引起了一阵"维特时尚"。青年男子们按照书上的描绘，穿起了"维特装"——黄裤子、黄背心和青色燕尾服，"维特杯子"、"维特香水"都成为年轻人争相抢购的时尚新宠；维特式的愤世嫉俗、维特式的冷嘲热讽，流行了好几十年；人们因为怀念小说中的维特，而去他的原型耶路撒冷的墓前举行纪念典礼；甚至有很多失恋青年接过维特的枪，纷纷效仿维特式的自杀……这一场"维特热"并不仅仅风靡德国，而且还席卷了英国、法国、荷兰，甚至中国。根据歌德本人的记录，中国人曾把绿蒂和维特肖像绘上了瓷器。而最令人称奇的是，"战争之神"拿破仑竟然也极爱这部小说，他说自己曾把《少年维特的烦恼》读过许多遍。据说他出征埃及的时候就带着这本书，后来拿破仑与歌德碰面时，谈论得最多的也是这部小说，甚至还对歌德在爱情故事里掺杂如受损害的虚荣心等不必要的情节，提出自己的批判。可以说，在《少年维特的烦恼》出现之前，从来没有哪部小说有此等作用，后来也不曾再产生过可与之相比的德国作品。

随着《少年维特的烦恼》爆红一时，有关它的戏仿作品和模仿作品也层出不穷。譬如,柏林的尼克拉就写了一本《少年维特的欢乐》,小说最终以大团圆结束。歌德看到后一时兴起,竟游戏式地为自己的小说添写了一个恶搞版结局——自杀者打飞了子弹,仅微微烧焦了眉毛,绿蒂和维特像所有童话中的王子与公主一样,终于幸福快乐地生活在一起了。

然而,《少年维特的烦恼》在火红畅销的同时,非议声也此起彼伏。一些教会和某些同时代的作家,针对这部小说所引发的青年模仿维特自杀的现象,进行了猛烈的抨击。当时在一些地方,如莱比锡、哥本哈根、米兰等地,少年维特甚至遭到了封杀。面对质疑,歌德淡定地表示,他正是以自己的生还给出了最好的例子:人们必须写出内心的痛苦。此外,他还对指责自己诱惑他人自杀的言论做出一个犀利讽刺的回应:"现在你却把一个作家拖来盘问,想对一部被某些心地偏狭的人曲解了的作品横加斥责,而这部作品至多也不过使这个世界甩脱十来个毫无用处的蠢人,他们没有更好的事可做,只好自己吹熄生命的残焰。"

《少年维特的烦恼》是畅销书中的一朵奇葩,它并非单纯流行意义上的畅销书,它不光是在讲述一个少年哀婉伤痛的爱情体验,而是通过其塑造的为爱痴狂的维特形象,彰显出极强的时代精神,维特和他的境遇触发和引爆了淤积在青年一代心中对现实不满的火药,同时也表达了青年一代既憎恶社会又找不到出路的苦闷与彷徨,这正是当时形成感伤主义思潮的现实基础。用歌德自己的话来说:"这本小书的影响是巨大的、惊人的、很好的,因为它产生得正是时候。"(《诗与真》)

一部真诚而不加掩饰的书
——《忏悔录》

这是一个独一无二的牛人：他曾在思想领域发表过《论科学和艺术》和《论人类不平等的起源和基础》，以叛逆的姿态向封建文明宣战；之后，他又涉猎政治领域，写出了《社会契约论》，此后美国的《独立宣言》和法国的《人权宣言》及两国的宪法均体现了这部论著的民主思想；在文学沃土上，也有他驰骋的身影，一部《新爱洛伊丝》曾引起"洛阳纸贵"的疯抢狂潮；喜爱音乐的他还曾创作出歌剧《乡村卜师》，国王听后都想召见他；后来，他关心教育事业，写出小说体教育论著《爱弥尔》，却因此书遭到当局的通缉，被迫踏上逃亡之路……他无论在任何领域推出一部作品，都会引起欧洲乃至世界的震惊！这个划时代的牛人就是法国启蒙思想家、著作家让·雅克·卢梭（1712—1778）。

然而，如此一个全身闪耀着智慧光坏、高高在上的文化圣哲，却在晚年写出一部风格奇特的回忆灵——《忏悔录》。在该书的首页里他掷地有声地声明："这是一幅现存的、也许永远不会再有的独一无二的肖像，是依照人物的真实形象及其全部真情实况一丝不苟地描绘而成的。"翻开《忏悔录》，它将带你走进卢梭50多年的生活经历，让我们共同探访他隐秘而丰富的内心世界，一起感受他崇高而自由的思想境界吧！

《忏悔录》是卢梭的遗著，他曾嘱咐后人等到书中人物全都作古时再发表。实际上，该书在卢梭逝世四年后就出版了。全书分为两部分，第一部文笔优美，多是描写他诗情画意的岁月。写作后一部分的时候，卢梭的身体状况大不如前，所以他写出的大多是苦涩、心酸和愤懑。前六卷出版于1782年,全书出版是在1789年。"好多年来,我一直被形形色色的风暴折磨着,打击着,迫害不断,四处奔命,弄得我疲惫不堪,我极其需要休息,而我的那些野蛮的敌人却偏偏存心不让我得到休息。"他的一生颠沛流离,就连这部自传回忆录都是在逃亡之路上写成的。

不难看出,这是一部在四面受敌的悲愤中为自己的存在辩护的自传,饱含心酸、充满悲愤。卢梭在书中向身处的时代和社会写下挑战书:"不管末日审判的号角什么时候吹响。我都敢拿着这本书走到至高无上的审判者面前,果敢地大声说:'请看!这就是我所做过的,这就是我所想过的,我当时就是那样的人……请你把那无数的众生叫到我跟前来!让他们听听我的忏悔……然后,让他们每一个人在您的宝座前面,同样真诚地披露自己的心灵,看有谁敢于对您说:我比这个人好。'"这一段开场白定下了全书论辩和对抗的基调。

"我现在要做一件既无先例,将来也不会有人效仿的艰巨工作,我要把一个人的真实面目赤裸裸地揭露在世人面前。"卢梭在《忏悔录》中以惊人的诚实、坦率的态度和深刻的内省,叙述了自己从出生到1766年离开圣皮埃尔岛之间50多年的人生经历。马克思就曾这样评价过卢梭的《忏悔录》:"书页上还散发着油墨味道的时候就震惊了全人类,因为他的思考、真诚和那些不加掩饰的人类的缺点。"《忏悔录》中塑造了一个平民知识分子的形象,表现出平民的自信与骄傲。卢梭把淳朴自然视为一生最宝贵的财富,他告诉世人,他从那个充满温情的平民之家中获得了"一颗多情的心",虽然他把这视为"一生不幸的根源",但却一直以"温柔多情"为自豪。我们知道,卢梭处于法国封建主义苟延残喘的时期,在这样的黑暗统治中,他宣扬自由,反对奴役,大声疾呼"无论在什么事情上,约束、屈从都是我不能忍受的"。正是这样一个具有"倔强豪迈以及不肯受束缚受奴役的性格"的人奏响了一曲高昂的平民赞歌!

就这样,在《忏悔录》中,循着卢梭的足迹,我们看到了一个淳朴自然、朝气蓬勃的平民世界。这里有18世纪的女仆、听差、农民、小店主、下层知识分子,也有卢梭自己的平民家族:钟表匠、技师、小资产阶级妇

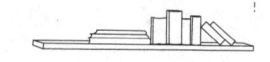

女。卢梭用他那些私人记忆碎片，拼贴出18世纪欧洲社会的整体风貌、文艺氛围和情感理念，故而，《忏悔录》以其极高的文学价值和思想价值，成为18世纪欧洲历史中最重要的思想材料。

　　《忏悔录》并不仅仅是卢梭的生活史，更是他思想和情感的历史，是一部真诚而不加掩饰的书。读这部回忆录，能让你看到这个病恹恹的老人，曾在思想上做过怎样的抗争。在书中，卢梭所提倡的"自我意识"与个性解放是资产阶级个性表达的一次大爆炸，他借述自己的人生经历，全面表现出资产阶级人道主义精神。他的思想表达看似柔弱，却潜伏着一股巨大的动力，像是火山爆发前的暗涌，一旦遇到合适的时机，便会一触即发！《忏悔录》就是这样一个激进的平民思想家与反动统治激烈斗争的结果。

　　"大自然塑造了我，然后把模子打碎了"。自负真诚如卢梭，怯懦敏感亦如卢梭，这样一个性格极端矛盾的法国人，许是上帝精心打造的艺术珍品，仅此一件，独具魅力。他敢于卸下世人赋予他的所有光环，亲自褪去一切耀眼的光华，直视晦暗的人性，直面惨淡的人生，这就是一个真实无畏、特立独行的卢梭！

政治阻碍下的爱情
——《阴谋与爱情》

　　这是一个类似"罗密欧与朱丽叶"式的爱恋故事,却暗藏着比家族仇恨更加阴险恶毒的诡计;这是一出政治阻碍下的爱情悲剧,它字字珠玑,一针见血地抨击腐朽的封建制度,曾掀起一阵阵"狂飙突进"的浪潮!这就是青年席勒笔下的"德国第一部有政治倾向的戏剧"——《阴谋与爱情》。

　　18世纪的德国文学史上有一场著名的运动,叫做"狂飙突进运动",挥舞这场运动大旗的代表人物除了"少年维特之父"歌德外,就是几乎能与之齐名的席勒。约翰·克里斯托弗·弗里德里希·冯·席勒(1759—1805),通常被称为弗里德里希·席勒,他是18世纪德国杰出的美学家、历史学家和剧作家,还是浪漫的诗人,他的诗作经《欢乐颂》经过贝多芬的谱曲,早已唱遍了全球!作为德国启蒙文学的代表人物之一,席勒一生创作了几十个剧本,创作于1784年的《阴谋与爱情》是他的第三个剧本。当时正是青年席勒反封建意识最强烈的时候,也是席勒狂飙气质最"气宇轩昂"的阶段,因此这部剧便成为席勒反封建倾向最明显的作品,是青年席勒创作的顶峰,也是德国狂飙突进运动最重要的创作成果之一。同时,《阴谋与爱情》中反映出的

席勒画像

革命高度是以往市民戏剧所不曾达到的,德国评论家梅林评价道:"席勒的这个剧本有超过他的全部先驱者的一个优点:它达到了一个革命高度,在他以前的市民阶级戏剧还未达到这样一个高度。"因此在这个层面上,《阴谋与爱情》又是德国市民悲剧的代表作。

　　常言道,"艺术高于生活",但别忘了前一句,艺术总是源于生活的。正是席勒当年在符腾堡公国的一段生活体验,为他提供了创作灵感,才有了后来的《阴谋与爱情》,剧中人物实际上就是以专横腐朽的符腾堡公国的统治者为原型的。《阴谋与爱情》是一出五幕话剧,故事发生在当时德国的一个小公国里,公国宰相的儿子费迪南不顾当时的门第偏见爱上了音乐师米勒的女儿露易丝,并且想要与她结婚。此时,公爵由于政治原因要娶一位夫人,并和他的情妇做一个表面上的分离,为此公爵要为他的情妇米尔芙特物色一个形式上的配偶。宰相为了能够巩固自己的地位,并加强自己的势力,他义无反顾地决定:"为了使公爵仍旧留在我家庭的罗网里而,费迪南就得和米尔芙特结婚。"深爱着露易丝的费迪南当然誓死不肯,"强迫经常使热恋的人更加铁心,而从来不能叫他们回心转意"。宰相意识到,"如果和米尔芙特夫人的婚事失败了,我的整个地位就要发生危险",为了拆散这对恋人,在威胁与利诱都失败后,宰相同他的秘书乌尔姆定下一条阴谋毒计:宰相借故逮捕了露易丝的父亲,然后诱使露易丝,只要她写一封假情书给宫廷侍卫长,她的父亲就能获救,并且要求她发誓不得说出真相。露易丝救父心切,无奈之下只得就范,而这封情书也在设计中"碰巧"落到了费迪南的手中。费迪南果然中计,妒火中烧,他感到自己真正的爱情受到了欺骗,而露易丝又因为立下了誓言,不能道破真情。费迪南心生绝望,在饮料中下药毒死了露易丝,她终于在临死之前告诉了爱人全部实情。费迪南得知真相后悔恨不已,在他心爱的人的遗体旁饮恨服毒身亡。一对年轻恋人,为了纯洁的爱情双双殉情,成为阴谋的牺牲品。

　　青年席勒大胆地从德国社会现实中取材,不怕把18世纪德国的主要矛盾即市民阶级和封建贵族之间尖锐对立的矛盾,直接搬上舞台,对封建统治者的暴行予以揭露和痛斥,对市民阶级的反抗精神予以热烈的歌颂,表现出席勒鲜明的反封建压迫和争取民主自由的狂飙激情。这部剧因此拥有了极为广阔的时代背景,成为一部思想性极高的艺术作品。

爱情是经久不衰的主题,在这个政治阴谋笼罩下的故事里,费迪南和露易丝的爱情为这出悲剧注入了澎湃的激情和浪漫的气质,避免了悲戚的沉闷和阴暗的调调。"我什么也不怕——什么也不怕——只怕你爱情的界限!不怕那些障碍像山岭一样阻拦着我们,我要把它当作阶梯,攀过山头,飞奔到露易丝的怀中去。恶毒命运的风暴只会更加鼓起我的热情,种种危险只能使我的露易丝更显得动人。"在如此动情的爱情宣言里,我们仿佛看到,伟大的爱情被放置在了最圣洁高尚的祭坛上,所有的功名利禄、荣华富贵都位居其次,甚至连生命都显得黯然失色。

戏里的角色个个都十分出彩:男主角费迪南是一个追求自由和理想的进步青年,他狂热执著却太过冲动;而女主角露易丝自然是善良动人的平民姑娘,她痛恨不平等的等级制度,却也无力冲破腐朽;音乐师米勒作为德国市民阶层的代表,虽不乏自爱、自尊,却又十分惧怕官府。作者在塑造一个个正面人物的可爱之处时,也不忘添上一笔,让他们有令人信服的弱点,使得人物显得更加真实丰满。在反面人物中,宰相寡廉鲜耻、残忍毒辣,宰相的秘书伍尔穆更是一个地道的小人形象,他阴险诡诈,为虎作伥,一肚子坏水。最后还有一个看似次要的人物即公爵的情妇米尔芙特夫人,其身份、遭遇、性格都既复杂又充满矛盾,她被作家席勒置于一种尴尬的境地,却又是一个导火索式的人物。

青年席勒笔下的主人公都激情满怀,能言善辩,像是追求自由真理的演说家,《阴谋与爱情》中的男主费迪南也不例外,他的语言风格慷慨激昂,他用奔放的咆哮,表白着对露易丝的爱,痛斥着封建制度的腐朽。而阴谋家伍尔穆说话斩钉截铁,言简意赅,体现出小人的诡计多端。书里不同人物的个性化语言,使读者仿佛真的看到一个个性格迥异的人出现在面前,他们正在共同为读者奉上一出高潮迭起、充满悬念的18世纪反封建大戏!

英国田园式的幽默爱情偶像剧
——《傲慢与偏见》

"凡是有钱的单身汉,总想娶位太太,这已经成了一条举世公认的真理。"18世纪的英国女作家简·奥斯汀(1775—1817)就以这样的开篇,导演起这出英国版"乡村爱情故事"——《傲慢与偏见》。

小乡绅班纳特的家中有五个待字闺中的女儿,班纳特太太整天操心着急为女儿们物色称心如意的丈夫。西方人表达比较直接,衡量女婿的主要标准往往第一时间就大声提出来——年薪就是王道。接着,故事中的第一个富二代宾利先生隆重登场了。他在一次舞会上与美丽温柔的大小姐简一见钟情,班内特太太得知后欣喜若狂。宾利先生的朋友达西是一个标准的"高富帅",像所有青春偶像剧里的男主角一样,达西傲慢到了极点,这样的外冷内热型男一号必然要配一个活泼聪敏、个性十足的女主角,伊丽莎白就是这个女一号。达西和伊丽莎白一见面就斗起了嘴,一对欢喜冤家就此结缘。如果你是偶像剧的资深粉,那你就一定知道这个套路:编剧一定会给男女主角各自安排一个暧昧对象或者单恋者,以便在男、女主角中间穿插挑拨,推动剧情。其实小说《傲慢与偏见》才是这个经典套路的鼻祖:女主角伊丽莎白有年轻英俊的军官威克汉姆,宾利的妹妹卡罗琳则痴爱着男主角达西。在经过误会和解除误会的各种纠结情节之后,故事不出意外地走向了一个大团圆结局:伊丽莎白终于答应了达西的求婚,简与宾利先生也订了婚。

《傲慢与偏见》是名著中少有的轻松作品,它呈现的只是英国乡绅的生活图景。这与作者简·奥斯汀的生活环境有关,她家道小康,长期居住在英国乡村小镇,接触到的大多是中小地主、牧师等人物,恬静、安逸的生活环境使得简·奥斯汀笔下故事的主题都是爱情与婚姻,展现出的是英国中产阶级家庭出身的少女们爱情、婚姻、家庭的"三观"情况。从18世纪末到19世纪初,庸俗无聊的"感伤小说"和"哥特小说"充斥英国文坛,简·奥斯汀却剑走偏锋,破旧立新,一反常规地展现了当时尚未受到资本主义工业革命冲击的英国乡村中产阶级的日常生活和田园风光,她的作品往往通过喜剧性的场面嘲讽人们的愚蠢、自私、势利和盲目自信等可鄙可笑的弱点。简·奥斯汀是"第一个现实地描绘日常平凡生活中平凡人物的小说家",她以女性特有的细致入微的观察力,真实地描绘了自己周围世界的小天地,尤其是绅士淑女间的婚姻和爱情风波。她的小说格调轻松诙谐,富有喜剧性冲突,这种清新的文风大受欢迎。

电影《傲慢与偏见》剧照

1813年,《傲慢与偏见》刚一出版,就受到人们的追捧。简·奥斯汀的小说一扫风行一时的假浪漫主义潮流,继承和发展了英国18世纪优秀的现实主义传统,为19世纪现实主义小说的高潮作了准备。简·奥斯汀的作品还有《理智与情感》《曼斯菲尔德庄园》以及《爱玛》等,这些小说虽然题材都限制在爱情与婚姻上,但是却犹如"两寸牙雕",可以从一个小窗口中窥视到整个社会形态和人情世故,对改变当时小说创作中的庸俗风气起到了很好的作用,在英国小说的发展史上有承上启下的意义,简·奥斯汀也被誉为地位"可与莎士比亚平起平坐"的作家。

有时候,看一部作品有必要去了解作者写作的背景,特别是八卦作者的恋爱史对于更好地理解她写的爱情故事帮助甚大。简·奥斯汀在20岁时与一个聪明狡黠的爱尔兰年轻律师一见钟情,这位见习律师便是傲慢英俊的达西先生的原型——汤姆·勒弗罗伊,不难推断,漂亮聪慧、略显偏激的伊丽莎白的原型就是作者自己。当时,奥斯汀的家庭希望未来女婿拥有经济实力,而偏偏那时的勒弗罗伊还是个穷小子。而拥有6个孩子的勒弗罗伊家也执意与富贵之家联姻,因此要求勒弗罗伊返回爱尔兰,从此两人便再没有相见。后来,勒弗罗伊如家人所愿地娶了个大家闺秀,成为爱尔兰最高法院首席法官,而简·奥斯汀的爱却一直停留在20岁的初恋,她觉得"什么事都可以随便,没有爱情可千万不要结婚"(《傲慢与偏见》),所以她终生未嫁,将所有未了的情感全部注入文学创作。在《傲慢与偏见》中,达西与伊丽莎白最终幸福地走到了一起,而现实生活中,汤姆·勒弗罗伊与简·奥斯丁,最终却只能成为相爱却不能在一起的"朋友"。

简·奥斯汀是一位小说大师。2000年,BBC做过一个"千年作家评选"活动,结果简·奥斯丁紧随莎士比亚之后,排名第二,而且她是前十位里唯一的女性作家。这样一位伟大的女性作家,有着独特成长经历,没怎么在学校念过书,启蒙教育更多地来自于父亲和家中那一堆堆有趣的"杂书"。这些"杂书"为奥斯汀后来形成戏谑的文风打下了基础。简·奥斯汀从小就爱读书写作,21岁时便已开始创作。她作品中的对话不但符合人物性格,而且常含讥讽。这与奥斯汀小时候曾和家人演戏自娱有关。写对白一直都是她的特长,她会偶尔用曲笔,不动声色地说几句戏谑的反话,使人忍俊不禁。简·奥斯汀含而不露的冷幽默,表现了英国女人罕见的从容。其实她的幽默很好懂。奥斯汀像是一个躲在窗帘后面看着滑稽的人出洋相,然后暗自偷笑的小女孩。

除了精彩的对话设计,简·奥斯汀叙述描写的语言也十分精妙,她通常以舒缓的笔调铺开全文。读《傲慢与偏见》的时候,读者的脑海里一定会浮现出内瑟菲尔德庄园在斑驳日光下的那一道浪漫剪影,似乎真的能感受到那散发着泥土清香的乡村小路上的马车扬尘,又好像能听见各家初长成的小姐们在房间里弹着琴低声说笑,你仿佛身临工业革命前美丽的英国乡村田园,迷人而宁静的风景使你流连忘返。作家弗兰克·奥康纳就曾说:"我认为简·奥斯汀是英国文学史上最伟大的技巧巨匠之一,她在文学方面炉火纯青,就像莫扎特在音乐方面完美无缺一样。"

这位让英国人骄傲的女性,常被20世纪的文学评论家们和文学史家们誉为真正伟大的英国小说家,是"写散文的莎士比亚",因为她使英国小说更臻完美,是她开启了19世纪30年代的现实主义小说高潮,因此她的小说是最具经典意义的小说。现代美国的批评家艾德蒙·威尔逊说过:"一百多年来,英国曾发生过几次趣味上的革命。文学口味的翻新影响了几乎所有作家的声望,唯独莎士比亚与简·奥斯丁是经久不衰。"

在作家简·奥斯汀的笔下,《傲慢与偏见》纵使是一出曲折的爱情偶像剧,离不开男才女貌的角色定位,跳不出麻雀变凤凰的老套剧情,但终究因其精炼俏皮的语言和起伏跌宕的剧情而饱受赞誉。近两百年来,无数读者都在这样一部英式田园风的幽默爱情偶像剧中彻底"沦陷","简迷"的数量从来都有增无减,《傲慢与偏见》也成为跨越时代、历久弥新的一部"简式经典"。

一个英伦愤青未完成的"天才之作"
——《唐璜》

哪一种风味的文章更适合你的口味?是戏谑幽默的"辛辣讽刺"?还是汪洋恣意、摄人心魄的浪漫主义?抑或是,你坚持遵循"若为帅哥故,两者皆可抛"的准则?读者朋友,真的有这样一部旷世奇作,其中既有嬉笑怒骂,又具浪漫情思,讲述的是一个风姿翩然的热血帅哥的奋斗史与罗曼史,这就是19世纪英国愤青拜伦的巅峰杰作——讽刺史诗《唐璜》!歌德说:"《唐璜》是彻底的天才的作品——愤世到了不顾一切的辛辣程度,温柔到了优美感情的最纤细动人的地步。我们感到英国诗歌拥有了德国人从未取得的东西:一个古典的文雅而喜剧的风格。"

1805年,剑桥来了一位学生,他走起路来腿有些瘸,但却相貌非凡、热情奔放,洒脱飘逸、放荡不羁的气质更是令人为之倾倒,他就是19世纪的英国诗人乔治·戈登·拜伦(1788—1824)。拜伦是谁?实在很难一言概括之。首先,他一个帅到"天理难容"的不羁青年。当时,很多伦敦的著名画家和意大利的雕塑家都来请拜伦作模特。有道是,"人不风流枉少年",更何况拜伦还是个英俊的少年,所以,那

拜伦像

时候哪里有拜伦,哪里就有暴风骤雨般的爱情。他曾一度把伦敦的上流社会搅得不得安宁。年少时苦读历史、哲学和文学的拜伦,在23岁时就写出一部长诗——《恰尔德·哈罗德游记》第一、二章,并因此而名声大噪,红遍整个欧洲。他曾在日记里写道:"早晨我一觉醒来就发现自己已经成名,成了诗坛的拿破仑。"之后,他又书写出一个又一个虽孤独彷徨但却不失反抗精神的"拜伦式的英雄",一时间,"拜伦热"席卷英伦。

然而,到了1818年,拜伦因不堪绯闻的重压和攻击,愤然去国离家,来到了意大利。在这里,他参加了许多政治斗争活动,对英国上层社会的炎凉世态和欧洲大陆的民族解放运动有了真正的亲身体会。这是拜伦人生中最幸福的一段日子,诗人创作的灵感迸发,成为他诗作最多产的时期。长篇诗体小说《唐璜》便是这一时期的佳作,也是他短暂一生中最杰出的代表作。拜伦是在1818—1823年间写下《唐璜》的。他原打算写至百章,却因后来赴希腊参战,逝于军中,而未能完成,所以《唐璜》在第十七章的开头数节就戛然而止。尽管在内容上不完整,但《唐璜》仍是拜伦作品中内容最丰富、描绘现实最深广的一部,它通过描述一个发生在18世纪的故事,而呈现出19世纪欧洲各国社会政治生活的一幅广阔图景。

故事的主人公唐璜原取自一个中世纪西班牙的旧传说,传说他是一个专门玩弄女性的登徒子。这个人物已被莫里哀写进过喜剧,被莫扎特谱进了歌剧,拜伦又会如何表现这个顽劣的"混世魔王"呢?拜伦笔下的唐璜已不再是被鞭笞的反面角色,而是被改造成一个18世纪末天真、热情、善良的贵族青年。这个青年风姿阔绰、热情澎湃、勇敢正义,同时又充满了少年的天真和好奇,作者赋予他敏锐的观察力,如此读者才得以通过唐璜的眼睛看到当时欧洲的社会现实。

《唐璜》吸引人之处首先在于它是一个极其有趣的故事。西班牙贵族青年唐璜长得一表人才,并且生性风流,从他受到贵妇朱丽亚的勾引,事发后被迫离开祖国去欧洲旅行开始,一连串离奇动人的情节相继展开。唐璜在去欧洲的途中遇到风暴,漂泊到希腊一个荒岛上,结果被海盗女儿海黛所救,两人一见钟情。正当他们打算秘密结婚时,海盗却把唐璜抓到奴隶市场上出售,之后他男扮女装混入土耳其苏丹后宫。在经历了心力交瘁的风流冒险后,唐璜参加了伊斯迈战役,因作战有功,他被派去了俄国。在那里,唐璜受到女皇叶卡捷琳娜二世的宠爱,随后又被派为使节去英国,他绕道德国、比利时到达伦敦,成为贵族社会的宠儿。正当唐璜在一个贵族的"哥特式"城堡又面临一场"哥特式"的冒险之际,长诗骇然终止。后人只能通过拜伦的书信,猜测故事的最终走向:主人公还要"经历各种围攻、战役和冒险",最后参加法国大革命而英勇献身。整个故事中起伏跌宕的情节,扣人心弦的冒险,让人手不释卷。

众所周知,诗人拜伦是个典型的敢爱敢恨、桀骜不驯的英伦愤青。他在诗中写下:"不羁之心的产儿,不死的精灵?!自由啊,在这地牢里,你灿烂辉煌!"拜伦终生追求自由,热爱自由,鄙夷虚伪,怒斥权贵,他右拳重重击在强权者的脸上,左手怜悯庇护着弱小的人民。对拜伦而言,诗是他的爱和恨的自然表白。因此,拜伦笔下的《唐璜》绝不只是一个精彩动人的故事。拜伦在给出版商麦利的信中写道:"要让唐璜在欧洲旅行一趟……目的是使我有可能指出各国社会的可笑方面。"拜伦写《唐璜》不仅仅是在描写各色人物,讲述各种冒险故事,而更在于广阔而深刻的社会讽刺,它试图通过主人公唐璜之口评论当时欧洲的时弊,从东方独裁式的土耳其到农奴制下的俄国,从"文明"议会制的英国到海盗称霸的希腊孤岛,拜伦的笔锋所到之处随处可见谴责、讽刺和批判。由此,诗人揭露出欧洲"神圣同盟"的虚伪面纱,书写了一部在广阔的社会历史背景中展开的政治抒情诗!

在《唐璜》中,有传奇的人物、异域的风情,也有戏剧化的场面和怪诞的冒险。诗坛巨擘拜伦的笔下嬉笑怒骂皆成诗章,警句迭出,亦庄亦谐,妙语连珠,这些都为诗歌涂上一抹浓重的浪漫主义色彩。普希金大赞拜伦的《唐璜》具有"莎士比亚式的丰富多彩"!

阅读《唐璜》时,你还会发现,在夹叙夹议中,诗人有时候借古讽今、点评国事;有时候他也谈书论艺,畅想未来,如预言有一天人会坐飞船登上月球;有时候他还宣告人民革命之必然到来:"我仿佛听见鸟的歌说,待不很久人民就会强大……","唯有革命才能把地狱的污垢从大地除净"。这种"插话闲扯"的方式直抒胸臆,倒是很符合拜伦潇洒随性的个性,他的戏谑幽默既有天马行空的想象,也有机智锋利的言辞,读来让人忍俊不禁,拍案叫绝!

1823年,拜伦从写诗的愤青华丽转身,变为一个革命的斗士。他以最大的热情援助希腊人民反对异族统治的民族解放战争,拿出所有的积蓄,招兵买马,并亲自率军战斗。后终因操劳过度,染上热病,英年早逝。人们不禁猜想,唐璜其实就是拜伦内心的自画像,这个未完成的故事结局不就影射着诗人自己的命运吗?当拜伦"出师未捷身先死"的噩耗传到各地时,年迈的歌德唏嘘不已,他把拜伦写入了他的史诗《浮士德》,即那个好闯荡而夭折的精灵欧福里翁。拜伦的夭亡引起无数欧洲青年涌入希腊来继承拜伦的遗志,希腊人民更是以隆重的国葬祭奠这位伟大的孤胆英雄。

一位19世纪的英伦"愤青"用一部洋洋洒洒1.6万行的政治讽刺诗《唐璜》,揭露现实、鞭笞暴政、赞美爱情、讴歌自由。全诗感情炽热、雄浑奔腾,其丰富的思想内涵和精美的艺术形式相得益彰。与此同时,拜伦后又以枪炮利剑投身到争取民族解放的斗争中,鲁迅都称赞拜伦是"争天拒俗"、"立意在反抗,旨归在动作"、"不克厥敌,战则不已"的诗派领袖,诗人以短暂生命中的独立不羁与热血激昂为《唐璜》这部他未完成的传世佳作平添了最后一抹传奇!

俄罗斯生活的百科全书
——《叶普盖尼·奥涅金》

写小说,很难;写诗歌,也很难;把小说写成诗歌,更是难上加难!俄国浪漫主义文学大师普希金可不畏艰难,他以热烈的感情和绝妙的文笔,写成一部现实主义的诗体小说《叶普盖尼·奥涅金》。俄国文学史上第一部现实主义作品就此诞生。

长篇诗体小说《叶普盖尼·奥涅金》是俄国诗人普希金的代表作,它为俄国现实主义文学奠定了基础。小说的故事发生在19世纪20年代的俄国,主人公叶普盖尼·奥涅金是彼得堡的一个贵族青年,这个"年轻的浪子"曾是个"欢乐和奢华的孩童",他对奢靡的贵族生活方式耳濡目染,无师自通。步入青年阶段,到了"心猿意马"的年纪,奥涅金开始涉足上流社会。他成天周旋于酒宴、舞会和剧场中,而他潇洒的风度,考究的衣着,流利的法语和机智的谈吐受到社交界的普遍赞赏,奥涅金成为一个擅长"挑动老练风情女子的心"的花花公子。但奥涅金毕竟生活在20年代,那时候卫国战争激发起来的民族意识和由西欧传入俄国的启蒙主义思潮,不可避免地在他身上留下痕迹。他读过亚当·斯密的《国富论》和卢梭的《社会契约论》,于是对上流社会空虚无聊的生活感到厌倦和腻烦,染上了典型的"俄国人的忧郁病"。

后来,奥涅金为继承伯父遗产来到乡下。在好友连斯基的介绍下,他认识了女孩达吉亚娜。达吉亚娜从小落落寡合,与众不同。由于深受外国小说影响,她极其厌恶周围的庸俗生活,渴望自由和幸福。翩翩君子奥涅金一出现,就搅乱了她的芳心,她断定奥涅金正是她追求的理想伴侣和人生依托。达吉亚娜鼓起勇气,写信向奥涅金吐露真情,却被他拒绝。不久,在达吉亚娜的命名日聚会上,奥涅金恶作剧地调戏连斯基的恋人、达吉亚娜的妹妹奥尔加,引得冲动的连斯基要与之决斗,结果死在了奥涅金的枪下。事后,悔恨不已的奥涅金漂泊去了国外,等他回到国内时,达吉亚娜在她母亲的安排下已经嫁给了一位战功赫赫的将军,成了上流社会大名鼎鼎的公爵夫人,而此刻的奥涅金却像疯了似的爱上了她。面对奥涅金的狂热追求,达吉亚娜承认自己内心仍然保持着对他的爱,但她的命运已定,她将一辈子忠于丈夫,最后黯然离去。

小说《叶普盖尼·奥涅金》第一次在整体上展现了俄国生活的真实画卷。从首都到外省,从上流社会到农村地主领地的日常生活,从文学流派到社会思潮,从社会斗争到自然风光,从民俗风情到古老传说……广阔的社会环境和具体的物质环境既是这些俄国青年男女苦闷生活、纠结恋爱的场所,也是他们性格形成的环境依据。在小说中,普希金突破以往古典主义和感伤主义的俗套,以书信、对话、独白来表达人物的内心世界。各种抒情、议论、描写、叙述在普希金笔下都挥洒自如,排比、对仗、比喻、重叠各处生辉。人们都惊讶地发现,俄罗斯文学的语言第一次显得如此活泼、丰富、优美、灵动,再加上作者用工整的格律和周密的语言为小说加入了极富音乐感的节奏,使其洗练流畅,诗意盎然,奔腾起伏,读起来酣畅淋漓。

亚历山大·谢尔盖耶维奇·普希金(1799—1837)是俄国伟大的诗人、小说家。这位19世纪俄国浪漫主义文学的主要代表,同时也是现代俄国文学的创始人。普希金几乎擅长各种文体,在诗歌、小说、戏剧乃至童话等各个领域皆创作出了经典作品,包括诗体小说《叶普盖尼·奥涅金》在内,抒情诗《致大海》、童话诗《渔夫和金鱼的故事》、

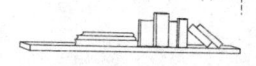

普希金像

短篇小说《黑桃皇后》、长篇小说《上尉的女儿》等作品全都是家喻户晓、享誉世界的名篇。不仅如此，普希金的贡献还在于，他创立了现代俄国民族文学和文学语言，正如屠格涅夫所说："毫无疑问，他创立了我们的诗的语言和我们的文学语言。"正因如此，普希金才赢得了"俄国文学之父"的美誉。他的作品被俄国著名的艺术家编成歌剧、舞剧，改编成话剧、儿童剧，拍成电影，而诸多诗歌则被谱成了歌曲，流传至今。鲜为人知的是，这位浪漫诗人还是个爱涂鸦的美术青年。普希金的手稿中有许多草图和速写。在这大批的手稿、札记和书籍的空白处，还留下了许多他的自画像。这些图画的线条轻盈、急速、飞舞，完全符合诗人的气质和性格。

普希金一生都坚持"用语言把人们的心灵燃亮"的崇高使命，他的作品表现出对自由和生活的极大热爱，他的开创精神鼓舞并感染了一代又一代俄国作家。在俄罗斯文学史，甚至是世界文学史上，普希金都享有极高的地位。高尔基曾说："普希金的创作是一条诗歌与散文的辽阔的光辉夺目的洪流。此外，他又是一个将浪漫主义同现实主义相结合的奠基人；这种结合……赋予俄罗斯文学以特有的色调和特有的面貌。"别林斯基评价道："只有从普希金起，才开始有了俄罗斯文学，因为在他的诗歌里跳动着俄罗斯生活的脉搏。"与他同时代的作家、普希金的好友果戈理也说："一提到普希金的名字，马上就会突然想起这是一位俄罗斯民族诗人。……他像一部辞书一样，包含着我们语言的全部宝藏、力量和灵活性。……在他身上，俄罗斯的大自然、俄罗斯的灵魂、俄罗斯的语言、俄罗斯的性格反映得那样纯洁，那样美，就像在凸出的光学玻璃上反映出来的风景一样。"

诗体小说《叶普盖尼·奥涅金》是一本让人陶醉的书。普希金在这部小说的末尾写到："噢，这样的人有多少被命运糟蹋！"这本是他对女主角达吉亚娜的感慨，也是对那个时代的谴责鞭笞，但又何尝不是对所有人的一声警醒呢？

一首"灵魂的哲学诗"

——《红与黑》

有的时候,越是精彩的书,越是让人纠结。埋头经历一遍残酷青春和悲戚爱情的起伏跌宕,感受其中无数赤裸裸的真实与细节,使人的心脏一次又一次濒临承受的极限,读完之后,五脏六腑翻江倒海。《红与黑》就是这样一本令人欲罢不能的书。

《红与黑》是"现代小说之父"司汤达(原名玛利亚·亨利·贝尔,1783—1842)享誉世界的长篇小说,成书于1830年,是19世纪现实主义的奠基之作。1827年的《法院公报》上登载了一个二十七岁的青年家庭教师枪杀自己的女主人的案例,这启发了司汤达。他在给友人的信中写道:"这次我要塑造一个不同于以往的男主人公,他出身清寒,外表文弱,没有可以炫耀的贵族身份。但他个性坚强,毅力过人,他有一个听上去很荒谬的理想:他企图使世界屈服于自己个人的准则。"三年后,《红与黑》悄然问世,但反响平平,而司汤达则坚信出版五十年后《红与黑》才会有读者,他常常宣称:"我将在1880年为人理解。"果不其然,随着时代的发展,读者们发现《红与黑》在心理深度的挖掘上远远超出了同时代作家所能达到的层次。小说以深刻细腻的笔调充分展示了主人公的心灵空间,广泛运用了独白和自由联想等多种艺术手法挖掘出了他深层意识的活动,并开创了后世"意识流小说"、"心理小说"的先河,已经显示出20世纪小说创作的方向。当时的社会流传"不读《红与黑》,就无法在政界混"的谚语,无数人揣测着"红"与"黑"含义:有人认为"红"代表拿破仑时代的军服,"黑"是王政复古年代的僧侣黑衣;也有人觉得

"红"是德·瑞内的鲜血,"黑"则是玛特儿的丧服;还有人认为红与黑象征赌盘上的红点黑点,轮盘就象征着人生的游戏……虽然对此尚无定论,但是"红"与"黑"无论在色彩搭配还是意义指向上都已成为经典。时至今日,《红与黑》仍被公认为欧洲文学皇冠上一枚最为璀璨精致的艺术宝石,是文学史上描写政治黑暗最经典的著作之一。法国有专门研究司汤达和《红与黑》的学问——"司汤达学"和"红学",还有专门研究该书的"司汤达俱乐部",这阵势足以与中国研究《红楼梦》与曹雪芹的"红学"和"曹学"相抗衡。

司汤达的童年是在法国大革命的疾风暴雨中度过的,从小受外祖父影响,接受卢梭、伏尔泰等的启蒙思想。17岁时,司汤达投笔从戎,在拿破仑的军中任职。拿破仑帝国灭亡后,波旁王朝复辟,司汤达深感前途无望,便侨居到意大利米兰,三十几岁的他在米兰开始了创作之路。1842年3月23日,不到60岁的司汤达在巴黎因中风去世。按照他的遗嘱,他的墓碑上刻着:亨利·贝尔,米兰人,写作过,恋爱过,生活过。司汤达生前文名寂寞,死后才逐渐被人们所熟知。

《红与黑》这部司汤达投入一生最主要的精力和热情的小说,讲述的就是一个发生在法国大革命前夕那个动荡年代的故事。小说的主人公于连出身贫贱,是维立叶尔小城里一个木匠的儿子。虽然他表面长得文弱清秀,但"心里竟藏着宁可死一千次也要飞黄腾达的不可动摇的决心"。他疯狂地崇拜着拿破仑,小心地珍藏着拿破仑的小画像,拿破仑的《出征公报》、《圣赫勒那岛回忆录》与卢梭的《忏悔录》一起构成了他的经典。十九岁的于连仗着惊人的记忆力,把一本拉丁文的《圣经》背得滚瓜烂熟,由此得到了在市长家当家庭教师的机会。自古少年多风流,贫贱帅哥与寂寞贵妇总是爱情故事中的经典搭配——风流倜傥、才华横溢的于连赢得了德·瑞内市长夫人的爱情。两人关系曝光后,于连被迫进入贝尚松神学院。在神学院,他很快就得到了大主教的恩宠。谁知神学院内的派系斗争殃及于连,他又一次陷入迷茫的忧郁中。幸运的是,经人引见,于连当了木尔侯爵的私人秘书,这期间他也俘获了侯爵女儿玛特儿的芳心。正当于连感觉自己离"飞黄腾达"的目标越来越近时,一封来自德·瑞内夫人的告密信让于连身败名裂。年少气盛的于连激愤之下,向德·瑞内夫人射击,不久,他就以谋杀罪被判死刑。大难不死的德·瑞内夫人不顾重伤在身,前去探监,于连这才知道那封信是她被逼所写,自己中了贵族和教会的圈套。在一个晴朗的日子里,于连走上了断头台。玛特儿亲自埋葬了情人的头颅,德·瑞内夫人在于连死后的第三天,也离开了人间。

《红与黑》是19世纪欧洲文学史上第一部批判现实主义杰作,它成功地体现了描写"典型环境中的典型性格"的现实主义创作原则。司汤达笔下的于连一生的奋斗主要是在维立叶尔城、贝尚松神学院和巴黎木尔侯爵府这三个典型环境中进行的,他的性格也随着环境的变迁而流变,作者揭示于连性格的形成与发展的社会原因,也就达到了再现社会风貌、表现时代精神的目的。《红与黑》不仅塑造了于连,而且再现了于连背后的时代。正如司汤达自己所言:"优秀的创作犹如一面照路的镜子,既照出蓝色的天空,也映出路上的泥塘。读者不应该责备镜子上的泥塘,而应该责备护路的人不该让水停滞在路上,弄得泥泞难行。"《红与黑》这面镜子就真实地反映了法国当时的"泥塘"。

司汤达是一位内倾性很强的作家,将人物的内心世界描写到令人叹为观止的极致是他驰骋文学江湖的绝杀技。在《红与黑》中,作者有关于连与德·瑞内夫人以及于连与玛特儿之间心理拉锯战的描写,每个小细节都异常清晰,曲尽能工之极致。更何况这其中还伴随着男主角波澜壮阔的杂乱思绪:野心、自尊、自卑、伪善、激情、冷漠、内疚、感动,所有的纷扰心绪全部交织在一起,简直会让读者迷狂崩溃。

《红与黑》洋洋万言,捧红了一个"少年野心家"于连,写下了一首灵魂的"哲学诗"。高尔基评价得好:于连·索雷尔是19世纪欧洲文学中一系列反叛资本主义社会的英雄人物的"始祖"。于连的内心世界好似一个战场,在那里,到处是铁骑突出、白刃相接、战鼓雷鸣,这硝烟弥漫、

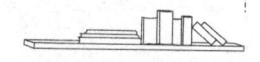

烽火连天、腥风血雨的场面让人透不过气来。这是一个纠结的少年,对"飞黄腾达"的极度渴求,是自尊心的卑微乞求;在冷酷的伪善面具之下,又隐藏着坚韧倔强的正直和善良。

理论是灰色的,生命之树常青
——《浮士德》

　　《浮士德》是德国文坛巨人歌德(1749—1832)投入毕生心血完成的一部史诗性杰作。这位德国"狂飙突进运动"的伟大旗手,从青年时代起就开始酝酿构思一个故事,他26岁写下这个故事的部分初稿,40岁发表部分片段,50岁完成作品的第一部,70岁开始写第二部,终于在80岁左右完成了全部作品。从1775年到1832年,跨越近60年的创作,历经18世纪末期到19世纪初期欧洲剧变的时代,贯穿作家一生全部的写作生活,这部被别林斯基称为"我们时代的《伊利亚特》"的宏伟史诗,成为德国社会的一面完整的镜子。后人将《浮士德》与荷马史诗、但丁的《神曲》、莎士比亚的《哈姆莱特》并列为欧洲文学的四大名著。

歌德画像

　　浮士德原本是德国民间故事中的一个跑江湖的巫师,传说他与魔鬼签订契约:只要活着时魔鬼满足他的一切要求,死后灵魂就归魔鬼支配。歌德在《浮士德》中,让"浮士德"的形象更加丰富、复杂。他以独具创意的构思打造了传说中浮士德的形象,使之成为一个性格丰富、复杂矛盾的人物,叙述中融入各种辩证的思想和激烈的情节冲突,这成就了《浮士德》高度哲理性和浪漫艺术性的完美统一。

《浮士德》分为两部,共有12111行,第一部分25场,不分幕;第二部分27场,分为5幕。全剧以人类的代表浮士德思想的发展变化作为线索,并没有首尾相连惯的情节,故事的内容可简单概括为:一出悲剧,两场赌赛,五种追求。一出悲剧就是指浮士德一生的悲剧故事;两场赌赛自然是魔鬼与上帝和他与浮士德的两次赌约。魔鬼靡非斯特与上帝打赌,认为人类无法满足的追求最终必然导致其自身的堕落,上帝却坚持尽管人类在追求中难免会犯错误,但最终能够达到真理,于是验证他们赌约胜负的"筹码"——人类的代表浮士德便隆重登场了,靡非斯特与他签订了"魔鬼契约",之后,靡非斯特便用返老还童的魔汤、各色美女、功成名就等各种手段实施诱惑。

抵抗魔鬼诱惑的过程也是浮士德经历五种追求的经过:一是对知识的追求。故事开篇,浮士德已经年过半百,在阴暗的书斋中过了大半辈子。复活节的钟声提醒他,外面还有丰富多彩的大千世界,他大声疾呼:"我要纵深跳进时代的奔波,我要纵身跳进变革的车轮。"通过描写浮士德在"返归自然"中挣脱中世纪的精神枷锁而重获新生,来说明腐朽的书本知识不是美。二是对爱情的追求。魔鬼用感官享受来引诱浮士德,他经历了贪恋情欲和克制欲望的矛盾,并从自我主义的泥潭中挣扎出来,浮士德领悟到低级的吃喝玩乐、个人的爱情生活都不是美的。三是对权势财富的追求。浮士德被魔鬼带进神圣的罗马皇帝的宫廷,他摇身一变成为大臣,不过他无法真正有所作为,只是充当弄臣而已。浮士德终于识破高官厚禄、荣华富贵并不是美。第四种是对古典艺术的追求。浮士德在对现实政治失望后,来到古希腊,与希腊美女海伦结合并生下一子欧福良。但很快,浮士德便发觉这种只有形式而无灵魂的古典艺术也不是真正的美。最后一种是对为人类造福事业的追求。浮士德探索终生,发现与人民进行创造性的劳动,改造自然、创造自由王国才是真正的美,最终他悟出了人生的真理:"人必须每天每日去开拓生活和自由,然后才能够自由地生活和享乐;我愿看见人群熙来攘往,自由的人民生活在自由的土地上。"这是浮士德一生探索的总结,也是歌德对人生的概括。

如此看来,《浮士德》其实是一出象征主义的历史大剧。在这部诗剧中,浮士德是一个资产阶级先进知识分子,他本身就是一个象征性的形象,他身上那种永不满足、不断追求的进取精神,敢于否定丑恶现象与错误思想的批判精神,追求理想、自强不息的战斗精神,被后人总结为"浮士德精神",它体现了"整个世界的精神"。可以说,浮士德不仅是那个时代的人类代表,更是我们每个人的隐喻,他所经历的那五个追求,不正是我们所有人都有可能要历经的五个人生境界吗?总的来说,歌德不愧是一位卓越的诗剧高手,他在《浮士德》中巧用象征、典故和比喻,将神话、传说、幻想等交织在一起,组成多彩的色调。如用海伦象征古希腊艺术美,借欧福良来纪念拜伦这位浪漫派诗人,以此表达自己浪漫诗意的情怀,如此一来,使得这部作品形成了一个环环相扣的整体性的文学隐喻。

《浮士德》是一部形象性与哲理性高度统一的经典诗剧。读者在精彩纷呈的人物故事与多姿多彩的艺术画面中,能够体会到深刻的人生哲理,黑格尔称《浮士德》为"绝对哲学悲剧"。歌德用浪漫主义的笔调描绘出诗的意境,又用现实主义的笔触总结出深刻的哲理内涵,并完美地将这两者融为一体。难怪哲学家谢林也说:"如果有什么能称为哲学史诗的话,那么这一术语只能运用于歌德的《浮士德》。"

歌德是欧洲启蒙文学最杰出的代表,他融会哲学家的深谋远虑和浪漫诗人的诗化才能,用自己人生中 60 年的光阴写就一部不朽的《浮士德》,因此这部伟大的作品概括了作者的思想变化和时代精神的变迁。在《浮士德》中,我们既能看到歌德世界观发展的全过程,也能见证欧洲资产阶级思想发展的历程。它以激昂的语调、高亢的声音做出一番波澜壮阔的"总结陈词",概括了恢弘的历史,彰显出时代的精神。正因如此,郭沫若称《浮士德》是"一部灵魂的发展史,或一部时代精神的发展史"。

这部"时代精神的发展史"是整个资产阶级上升时期的历史的艺术概括，马克思曾说《浮士德》是他最喜爱的书之一，德国铁血宰相俾斯麦盛赞这本书是德国的"世俗的圣经"。当然，这部气势恢宏、大气磅礴的史诗性长篇诗剧也是德国文学巨擘歌德一生最重要的作品。歌德用上帝和魔鬼的一个赌，使人类陷入了"浮士德难题"中，这是人类共同的难题。它是我们每个人在追寻人生的价值和意义时都将无法逃避的"灵"与"肉"，幸好，我们在《浮士德》中始终能听到一个响亮的声音：追求！追求！在这个故事的结尾，一场玫瑰花雨化成火焰，驱走了正要夺走浮士德灵魂的魔鬼，人类最终还是被拯救了。

被金钱扭曲的人性
——《高老头》

当他"箱笼充实,里外服装,被褥行头,都很讲究"的时候,他被人尊称为"高里奥先生";后来,他手头变紧,一切奢华的行头皆不见了踪影,他越来越瘦,变得老态龙钟,人们开始直呼他"高老头";又过了一阵子,他的生活水平直跌贫困线以下,一个风前残烛的老人最终成了别人眼里的"老混蛋"。这个可怜的悲剧老头是谁?在他身上究竟发生了什么,怎令他落得个如此凄惨的结局呢?一部法国小说《高老头》为你全景呈现19世纪法国社会"金钱至上"的扭曲图景。

《高老头》出自法国批判现实主义作家巴尔扎克(1799—1850)的笔下,是这位"现实主义大师"的代表作品之一,这个故事被收录在他的文学巨著《人间喜剧》当中,他自己也十分喜爱这部作品,曾称它是"最出色的画稿之一"。故事依附的是1819年底至1820年初的巴黎,彻底颠覆了人们对现代巴黎的浪漫印象,呈现在我们眼前的是一幅人欲物欲横流的景象,作者勾勒出波旁王朝复辟时期,在金钱势力的支配下资产阶级的道德沦丧和人与人之间冷酷无情的现实状况。

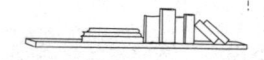

巴尔扎克画像

高老头原是个暴发户,中年丧偶的他倾尽所有心力财力,全心全意培养自己的两个女儿。为了让女儿们过上幸福的好日子,高老头给她们每人80万法郎的嫁妆,"买来"了两个"乘龙快婿":他的女儿一个高攀贵族,跳进了上流社会,成了新贵雷斯多伯爵太太;一个喜欢金钱,就嫁给了银行家,成为纽沁根夫人。后来,不再富有的高老头很快就被撵出了女儿的家门,在伏盖公寓里过着贫穷的生活。最后,高老头孤独地死在了公寓的阁楼上。直到临死前他才明白,在这个社会中,父女亲情其实是依附在金钱之上的:"钱可以买到一切,买到女儿。"而故事的另一条主线就是拉斯蒂涅的心路变迁,这个人物作为资产阶级野心家的形象后来多次出现在《人间喜剧》中,《高老头》是他的"首秀",展示的是拉斯蒂涅如何从一个有志青年堕落成资产阶级野心家的经过。起初,拉斯蒂涅来到巴黎读书,曾一心想做个清廉的法官,但贫寒的出身和奢靡的贵族生活在鲜明对比的拉扯下极大地刺激了这个外乡来的小伙子。"对权位的欲望与出人头地的志愿",使他强烈地想要投身上流社会,他努力"去征服几个可以做他后台的妇女"。作为高老头凄楚人生的见证者,拉斯蒂涅受到一幕幕悲剧的巨大震动,在埋葬高老头的那一刻,他也掩埋了自己最后一滴同情的眼泪。拉斯蒂涅站在高老头的墓前,对着塞纳河大声宣誓:"现在,让咱们来拼一拼吧!"一个资产阶级野心家就此"炼成"。总的来看,小说在高老头和青年拉斯蒂涅两个平行又交叉的故事开展中愈渐明朗,而在寒酸的伏盖公寓和豪华的鲍赛昂夫人的贵族沙龙这两个不断交替的舞台上却愈渐严酷。

几乎所有的小说都会有作者生活的痕迹和他本人的影子,《高老头》也不例外。巴尔扎克出身富庶,父亲就是一个如高老头一般的暴发户。巴尔扎克原本可以做一个律师,过上安稳富裕的生活,但他偏偏不要这些,他觉得自己被一种强大的力量召唤着,他人生的指针明确地朝向文学。巴尔扎克违抗父母的意愿,闭门写作,却被多次退稿,屡屡受挫,甚至一度生活困窘,债台高筑。不过,即使是在人生的最低谷,他也从未放弃过自己的坚持。巴尔扎克在书房的壁炉上放了一尊拿破仑像,上面刻着一行字:"彼以剑锋未竟之事业,吾将以笔锋竟之。"

功夫不负有心人,1829年,这个韧性十足的文学青年迎来了自己创作生涯的黎明曙光,他的成名作《舒昂党人》诞生了!在此后的近20年间,巴尔扎克以不可思议的毅力和令人惊叹的才华,完成了多达96部小说。这些作品被集结成一部书,就是世界文学史上的一座丰碑——《人间喜剧》。这部"社会的百科全书",共描写了2400多个人物,成为法国文学史上规模空前、内容丰富的现实主义杰作,是一部包罗万象的社会风俗史,其中以《高老头》、《欧也妮·葛朗台》和《农民》最为著名。巴尔扎克夜以继日地伏案创作,常常在写到手发麻、眼泪流的时候才意识到要休息,而他往往又喝上一杯咖啡后继续写作。正是如此超负荷的勤奋创作,才换来了巴尔扎克"比岁月还要多"的优秀作品。

作为欧洲批判现实主义文学的奠基人和杰出代表,巴尔扎克以惊人的创作量和深刻的批判力,"严格描写现实",他的笔法虽常用夸张讽刺,但却完全符合"生活的真实"。在《人间喜剧》中,包括《高老头》在内的很多作品都是在他认真研究了当时巴黎的风俗人情和真实内幕后写成的。正如巴尔扎克在《高老头》的开篇部分所说:"读完了高老头隐秘的痛史以后,你依旧胃口很好地用晚餐,把你的无动于衷推给作者负责,说作者夸张,渲染过分。殊不知这惨剧既非杜撰,亦非小说。一切都是真情实事,真实到每个人都能在自己身上或者心里发现剧中的要素。"因此,巴尔扎克也被称为19世纪上半期法国社会的"书记员"。

由于《高老头》最先开始使用人物再现法,同时展现了《人间喜剧》的中心图画,故被人们认为是《人间喜剧》的"序幕"。但是,显然这不是一出喜剧,而是一部彻头彻尾的惨剧,是用"灰黑的色彩和沉闷的网所描写"的人间惨剧。巴尔扎克说:"惨剧这个字眼被近来多愁善感、颂赞痛苦的文学用得那么滥,那么歪曲,以致无人相信了。"所以,在这个令人心寒的悲剧故事上,巴尔扎克以粗犷的、近乎嘲讽者的姿态,选择用黑色幽默的方式讲述给麻木不仁的听众们。习惯阅读温情动人小说的朋友要特别注意,看巴尔扎克的文字需要足够的勇气,他尊崇的现实主义风格促使他用高昂尖锐的笔触,冲破温情虚弱的保护网,搭建揭露惨剧的法场。

在《高老头》中,这位"超群的小说家"将"说故事"提升到了至高的境界。他擅长精致地描摹物质环境,以此来为塑造典型环境中的典型人物服务,譬如透过一幅"毫无诗意"的伏盖公寓的寒酸餐厅图画,我们就能窥探出就餐者腐蚀的灵魂。更为绝妙的是,巴尔扎克以各人的欲望为驱动力,让他们在种种煎熬中,暴露出各自"最鲜明的性格特征",在书中,我们能够很清晰地看到一个日夜渴望父女情感的"父爱的典型"高老头,又可以真实地瞥见那个被金钱地位所吞噬、步步深陷的拉斯蒂涅。此外,《高老头》还是巴尔扎克式的小说结构模式的典范佳作。故事中写了包括高老头的惨死、拉斯蒂涅的堕落在内的八个故事,其中这两者是整部小说的中心。这些线索看似散乱无章、独立无关,实际上全都相互纠缠、彼此牵扯,共同推动着情节不断发展。看完《高老头》后,你不得不为巴尔扎克高超的缜密构思拍案叫绝!

巴尔扎克是金钱时代人类灵魂的发掘者,他导演的一出名叫《高老头》的惨剧,足以发人深省——金钱和人性究竟谁才是造成这出悲剧的罪魁祸首?也许,看完小说后,你的心里就有答案了。只希望,高老头凄楚悲凉的结局和拉斯蒂涅在魔鬼教唆下那个"拼一拼"的开始,仅仅只是特定时空下的特定事件而已。

荒野中开出的一朵石楠花
——《简·爱》

  《简·爱》是19世纪英国著名的女作家夏洛蒂·勃朗特（1816—1855）的代表作。虽然小说中的故事是虚构的，但是女主角及其他人物的生活、环境、经历，甚至一些生活细节都是取自作者和她周围人的真实体验，因此，《简·爱》被认为是夏洛蒂·勃朗特"诗意的生平"的写照，具有浓厚的自传色彩。出生牧师家庭的夏洛蒂从小就在颠沛流离的寄宿生活中度过，童年期间就经历了母亲早逝、姐姐病逝等诸多不幸。虽然生活艰辛，但在博学多才的父亲的教导下，"勃朗特三姐妹"——夏洛蒂·勃朗特、艾米莉·勃朗特（《呼啸山庄》的作者）和安妮·勃朗特（《艾格妮丝·格雷》的作者），驰骋着各自的想象，不断编织文学的梦。

  有一年，三姐妹分别写了《教师》、《呼啸山庄》、《艾格妮丝·格雷》，然后一起将书稿寄给出版商，结果妹妹们的作品都喜获出版，只有夏洛蒂的被退了回来。这让她备受打击，更是成为她继续创作的动力。1846年，夏洛蒂·勃朗特用不到一年的时间完成了《简·爱》，据说当时的出版商满怀惊喜地读完了这部小说，审稿人甚至通宵不眠、手不释卷。《简·爱》终于在1847年秋得以出版，一经问世便轰动文坛，成为能阅读小说的妇女必读的经典之作。随即在次年又加印两版，销售火爆。

  在《简·爱》中，夏洛蒂·勃朗特用饱含深情的笔调、细腻入微的心理描写，令一个出身寒微、自强自尊的年轻姑娘简·爱的形象跃然纸上、呼之欲出，深深打动了万千读者。小说的女主人公简·爱如同夏洛蒂一样出身穷苦的牧师家庭。童年时期的简也同样经历了种种苦难，但她仍以顽强的意志完成了学业。为了追求独立自主的生活,她应聘到桑菲尔德庄园任家庭教师。一天黄昏,简外出散步时邂逅了庄园的主人罗切斯特先生,不久他们就相爱了。然而身份和地位的悬殊让这两个人的爱情之路颇为坎坷,后来他们历经考验,终于准备结婚了。熟悉爱情故事套路的读者肯定知道,作者才不会这么轻易就"放过"男女主角,并且婚礼现场是一个绝佳的冲突场地,故事的高潮才刚刚到来。在他们的婚礼上,一位不速之客闯进教堂,他声称罗切斯特先生早在15年前就已经结了婚,而他的妻子正是那个被关在密室里的疯女人。这让简瞬间跌入痛苦的深渊,她选择只身离开。

电影《简·爱》剧照

凄苦受伤的简·爱一度风餐露宿,沿途乞讨,后来被一个名叫圣·约翰的牧师所救。时来运转,简意外地获得了远方叔叔留下的一笔遗产,而且得知圣·约翰原来是她的表兄,简·爱决定与他平分这笔钱财。与此同时,圣·约翰也渐渐爱上了简·爱,并向她求婚。而此时,简发觉自己仍深爱着罗切斯特先生,因此果断拒绝了圣·约翰的求婚。当简·爱重回庄园时,见到的却是一片荒凉的废墟,原来几个月前那个疯女人在庄园放火后坠楼身亡了,而罗切斯特先生为了救她,自己却受伤至瞎。

简找到了孤独的罗切斯特，并向他表白了自己的爱情。历尽波折的两人终于顺利结婚，过上了理想的幸福生活。夏洛蒂给小说留下一个梦幻般的结尾：两年后，当他们有了第一个孩子时，罗切斯特的眼睛也渐渐看到了光明。

在这部浪漫色彩浓厚的现实主义小说中，夏洛蒂·勃朗特的文笔简洁而传神，质朴却生动。她以第一人称行文，把自己强烈的感情投注在作品当中。著名女作家弗吉尼亚·伍尔夫曾说："当夏洛蒂写作时，她以炽烈的热情说'我爱'、'我恨'、'我受苦'……她总是能够把我们带入一种无法脱身的强烈的感情的漩涡之中。"当简·爱向罗切斯特先生说出这样的一段话："你以为我会留下来，做一个对你来说无足轻重的人吗？你以为，就因为我穷、低微、矮小、不美，我就没有没有灵魂，也没有心吗？你想错了！我的灵魂跟你一样，我的心也跟你的完全一样。……我不是根据习俗、常规，甚至也不是血肉之躯同你说话，而是我的灵魂同你的灵魂在对话，就好像我们的灵魂穿过坟墓，站在上帝面前彼此平等——本来就是如此！"相信没有人不被简·爱那赤诚的灵魂和火热的情感所打动。作者打破了"才子佳人"的老套戏码，塑造出一个看似"其貌不扬"却拥有着高尚纯洁灵魂的女性形象，她丰富的内心世界和深刻的激情赢得了无数人的心。

由于《简·爱》是一部自传色彩浓郁的作品，因此在质朴善良的简·爱勇敢地冲破门第的界限，自尊自强地追求爱情的经历中，我们能够瞥见作者夏洛蒂反抗世俗、追求幸福的精神要求。实际上，夏洛蒂对简的讴歌，正是源自于她自己对相互理解、相互尊重的爱情的深切理解和体会。夏洛蒂有着对美好爱情的无限向往，同时，她也对崇高的灵魂表达着赤诚的热爱。虽然夏洛蒂·勃朗特远没有简·爱的幸运：现实中的夏洛蒂刚过了六个月幸福的婚姻生活，就因病辞世了，她精彩的年华永远定格在了39岁那一年，但是夏洛蒂以她天才的想象和诗人的气质，谱写了《简·爱》这首追求自由与平等的颂歌。从那以后，人们在寂寥的荒野中看到一朵美丽的石楠花绽放开来。

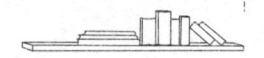

"我爱他,因为他比我更像我自己"
——《呼啸山庄》

这是英国文学史上"最奇特的小说",它带着鬼魅的面具"游戏"人间。这也是一部"神秘莫测"的"怪书",在幽灵的引领下,读者忐忑地踏入一个封闭的世界。这里有强烈的、疯狂的、野性的、痛苦的宣泄会紧紧扣住你的心弦,这里也有惊世骇俗的情感在呼啸的风中模糊了爱与恨的界限。这还是一本令人惊叹叫绝的名著。而这部作品竟然出自一个未受过完整系统教育,又没有实际爱情婚姻体验,甚至还不到30岁的年轻姑娘之手!它就是英国著名女作家、"勃朗特三姐妹"之一艾米莉·勃朗特(1818—1848)的传世名作《呼啸山庄》!

《呼啸山庄》被誉为英国文学史上最富激情、最为动人的一部小说,它的整个故事跨越三十多年,讲述了在英格兰北部一座与世隔绝的呼啸山庄内,恩肖和林顿两个家族、两代人之间的感情纠葛,演绎出一个惊心动魄、爱恨交织的悲惨故事。在小说中,天才艾米莉创造性地采用了倒叙的手法——在一个狂风暴雨的夜,一个外来房客洛克乌先生走进一个神秘的封闭世界:凯瑟琳游荡的幽灵,老女佣埃伦·迪安的讲述,年老的希斯克利夫对待孩子的冷酷,层层叠叠的疑惑,令恐惧和压抑扑面而来,好像黑白影像机的倒带。随着时间的推移和谈话的延长,两代人的纠葛慢慢铺展开来……

多年之前,呼啸山庄的主人、乡绅恩肖先生带回来了一个身份不明的孩子,取名希斯克利夫。主人的女儿凯瑟琳跟希斯克利夫朝夕相处、亲密无间,青梅竹马的两人相恋了,而她的哥哥亨德雷却视希斯克利夫为仇敌。后来,凯瑟琳迫于无奈要嫁给画眉田庄的文静青年埃德加·林顿。希斯克利夫在对凯瑟琳炽烈的爱与不得不承受的羞辱之间,饱受折磨,悲痛欲绝之下离开了呼啸山庄。三年后他致富归来,此时的凯瑟琳已经嫁给了林顿,生活却并不幸福。希斯克利夫因爱生恨,开始了他疯狂的报复:他以赌博的方式设计夺走了亨德雷的家财,颓唐的亨德雷酒醉而死,他的儿子哈里顿成了奴仆;希斯克利夫还故意娶了林顿的妹妹伊莎贝拉,然后将她囚禁在呼啸山庄。凯瑟琳在极大的痛苦中早产身亡,临终前却紧紧抓住希斯克利夫不放。十年后,希斯克利夫又施计使林顿和凯瑟琳的女儿凯蒂,嫁给自己即将死去的儿子林顿·希斯克利夫。后来,埃德加和小林顿都死了,希斯克利夫最终把林顿家的财产也据为己有,他成为两家庄园的主人。复仇得逞了,但是希斯克利夫却无法从对死去的凯瑟琳的恋情中解脱出来,终日不吃不喝。在一个风雪夜,他怀着一颗空虚的心和饱尝人间辛酸的怨愤,发出一声复仇后的狂笑,离开了人世。

　　这是一个阴郁中蕴含着激情。冷酷中包容着狂热的故事,极具英国北方的乡土气息。小说的这种风格与作者艾米莉·勃朗特的个性和生活环境有着莫大的关系。据记载,艾米莉生性独立、豁达、纯真、刚毅、热情而又内向。看似缄默安分的艾米莉,带着男儿的气概,甚至"比男人更坚强,比孩童更单纯,她的天性是独特的"。艾米莉酷爱自己生长其间的荒原,平素离群索居中,她最喜与大自然为友。外表娴静文雅的她,其实内心深处充涌着诗人般的浪漫激情。像她的姐妹们一样,艾米莉继承了父母浪漫多才的文学基因,她的文学道路是从写作诗歌开始的。在创作《呼啸山庄》前,她已经写了几百首诗歌,这些文字为《呼啸山庄》作了最有益的准备和训练。甚至可以说,艾米莉·勃朗特短暂一生中的这部唯一的小说,其实是她的一首加长版的诗歌,我们能够感受到她的诗歌中真挚、雄浑、粗犷、深沉、高昂的格调在《呼啸山庄》中延续。

　　同样是讲述爱恨情仇的纠葛,与姐姐夏洛蒂的《简·爱》相比,艾米莉笔下的《呼啸山庄》独具另一种风味。在《呼啸山庄》中,希斯克利夫爱的逻辑直接而简单：如果天堂没有凯瑟琳，那么天堂就是地狱；如果地狱里有了凯瑟琳，地狱就是他的天堂！凯瑟琳虽然一生挣扎在"理智与情感"的矛盾当中，但她对希斯克利夫的爱却是真挚而明确的："不论我们的灵魂是什么做成的，他的和我的是一模一样的"，"我就是希斯克利夫！他永远永远地在我心里"，"我在这个世界上最大的苦恼，就是希斯克利夫的苦恼；他的每一个苦恼，从刚开头，我就觉察到，切身感觉到了。我生命中最大的思念就是他，即使其他一切都毁灭了，独有他留下来，我依然还是我。"你不得不承认，用脉脉的温情与淡淡的感伤抒发的爱情，有时候读来并不过瘾，像希斯克利夫这样抛开理性，如凯瑟琳这种直抒爱意、飞蛾扑火的情感读起来才更加给力。这样的人物也显得更加真实可爱。

　　《呼啸山庄》在出版后的很长一段时间里，遭到评论界的猛烈谴责，一直不被世人所理解。直到近半个世纪之后，人们才发现，这位天才女作家早已远远走在众人的前面。在《呼啸山庄》的故事里，艾米莉围绕着希斯克利夫和凯瑟琳的情感交织来谋篇布局，但是却始终能驰骋着一种奇特的想象、营造出一种魅惑的氛围。艾米莉笔下描绘的是一场反对压迫、争取自由、追求幸福的激烈斗争，她用浓厚的浪漫主义抒情手法，点染自然环境，挖掘人物内心世界，在高朗激越的诗意中，赞颂着热烈狂放的爱情。这种独特的艺术风格一反同时代作品普遍存在的伤感主义情调，以强烈的爱、狂暴的恨及由之而起的无情的报复，取代了低沉的伤感和忧郁。

　　《呼啸山庄》是世界文学史上最富诗意的名著之一，它的字里行间充满着诗意般浪漫的想象和狂飙般猛烈的情感，令后来的无数读者在沉痛的战栗中感受到一种震撼人心的戏剧化艺术魅力。英国著名作家毛姆曾把《呼啸山庄》列为世界十部最佳小说，他评价道："我不知道还有哪一部小说，可以把爱情的痛苦、迷恋、残酷、执著如此令人吃惊地描绘出来。"

各国工人的共同纲领

——《共产党宣言》

这是一颗精神子弹,这是一套思想武器,它以振聋发聩的声音向全世界宣告:"一个幽灵,共产主义的幽灵,在欧洲游荡。"这就是1848年2月正式发表的科学共产主义的纲领性文件——《共产党宣言》!

《共产党宣言》又译《共产主义宣言》,是卡尔·马克思和弗里德里希·恩格斯为共产主义者同盟起草的政治纲领,是国际共产主义运动的第一个纲领性文献,从此以后,马克思主义诞生了!《共产党宣言》对全世界的无产阶级革命运动起了巨大的推动作用,一经出版就震惊了世界,无产阶级和劳动人民由此获得了翻身解放的思想武器。

马克思和恩格斯

卡尔·马克思(1818—1883),马克思主义的创始人,第一国际的组织者和领导者,他是全世界无产阶级和劳动人民的伟大导师。1844年8月,恩格斯从英国来到法国巴黎拜访马克思,这是一次历史性的会面,从此便开始了他们影响世界的伟大合作。1847年6月,正义者同盟正式改名为共产主义者同盟。同年11月,马克思亲自出席共产主义者同盟第二次代表大会,大会委托马克思和恩格斯起草一个同盟党纲。在马克思和恩格斯的共同研究下,《共产党宣言》由马克思正式执笔写成。1848年2月,《共产党宣言》在英国伦敦首次以单行本问世!这是一部伟大的著作,它的出版标志着社会主义思想的发展进程进入到一个全新的历史时期,社会主义理论和实践由此掀开了崭新的一页,人类的思想史发展迎来了一次巨大的飞跃!

《共产党宣言》是无产阶级的第一个政治纲领,它奠定了马克思主义政治学理论体系的基础,并对马克思主义政治学的基本原理做了系统的阐述。它第一次阐明了科学社会主义理论,指出共产主义运动已成为不可抗拒的历史潮流。在结构上,《共产党宣言》包括引言和正文四章,1872—1893年,马克思和恩格斯先后为《共产党宣言》的德文、俄文、英文、波兰文、意大利文版撰写了七篇序言,这七篇序言简要说明了《共产党宣言》的基本思想及其在国际共产主义运动中的历史地位,指明《共产党宣言》的理论原理是历史唯物主义,并根据无产阶级革命的经验和教训,对其作了进一步的补充和修改。

这部著作的引言首先交代了它产生的历史背景和目的任务,接着在第一章《资产者和无产者》中论述了马克思主义的阶级斗争学说;第二章名为《无产者和共产党人》,集中阐明了无产阶级政党的性质、特点、目的和任务,以及共产党的理论和纲领;第三章《社会主义的和共产主义的文献》则进一步批判了当时流行的各种假社会主义,分析了各种假社会主义流派产生的社会历史条件,并揭露了它们的阶级实质;《共产党宣言》的最后一章是《共产党人对各种反对党派的态度》,文章提出了共产党人革命斗争的思想策略。

《共产党宣言》首次介绍了马克思主义的主要思想,阐述了马克思主义的世界观。在宣言中,马克思和恩格斯系统、集中地阐述了他们的观点:"消灭私有制","推翻资产阶级的统治,由无产阶级夺取政权",然后"一步一步地夺取资产阶级的全部资本,把一切生产工具集中在国家即组织成为统治阶级的无产阶级手里,并且尽可能快地增加生产力的总量";而且,"共产党人不屑隐瞒自己的观点和意图"。这部著作从诞生起就鼓舞和推动着全世界无产阶级争取解放的斗争,成为无产阶级最锐利的战斗武器。恩格斯指出:它是全部社会主义文献中传播最广和最具国际性的著作,是世界各国千百万工人共同的纲领。

毋庸置疑,《共产党宣言》的发表在整个共产国际运动中具有十分重要的历史意义和现实意义。马克思和恩格斯创造性地运用辩证唯物主义和历史唯物主义分析生产力与生产关系、经济基础与上层建筑的矛盾,分析阶级和阶级斗争,特别是资本主义社会阶级斗争的产生、发展过程,论证资本主义必然灭亡和社会主义必然胜利的客观规律,表明作为资本主义掘墓人的无产阶级肩负的世界历史使命。同时,《共产党宣言》公开宣布必须用革命的暴力推翻资产阶级的统治,建立无产阶级的"政治统治",阐述了以无产阶级专政代替资产阶级专政的思想。《共产党宣言》还指出无产阶级在夺取政权后,必须在大力发展生产力的基础上,逐步地进行巨大的社会改造,进而达到消灭阶级对立和阶级本身的存在条件。同时,宣言阐释了作为无产阶级先进队伍的共产党的性质、特点和斗争策略,指出为党的最近目的而奋斗与争取实现共产主义终极目的之间的联系。如此,全世界的无产阶级斗争都有了科学的理论指导,社会主义从此蓬勃发展起来!

"交际花"的崇高爱情
——《茶花女》

"一个月里有二十五天玛格丽特带的茶花是白的,而另外五天她带的茶花却是红的","谁也摸不透茶花颜色变化的原因是什么,而我也无法解释其中的道理。"法国小说《茶花女》的女主人公玛格丽特以神秘的姿态曼妙登场了。

玛格丽特原是来自贫穷乡村的单纯姑娘,来到巴黎后沦落风尘。因容貌靓丽,成为巴黎红极一时的交际花,又因为喜欢头戴茶花,被人们称作"茶花女"。19世纪上半叶,法国巴黎上流社会的生活奢华糜烂,玛格丽特的美貌,令所有的男士为之倾倒。他们纷纷为她一掷千金,甚至有的人还因她而破了产。阿尔芒只是一个外乡来的穷小子,经朋友介绍得以接近玛格丽特,并很快爱上了她。正所谓"患难见真情",当玛格丽特不幸患上肺炎时,只有阿尔芒真心实意地关心和照顾她,对此玛格丽特感动万分,两人终于共坠爱河。

可是好景不长,玛格丽特已经习惯了过奢侈的生活。开销过大的她无法彻底与过去的公爵客人们断绝往来,阿尔芒也不得不靠赌博、借债来维持两人的生活。不久,阿尔芒的父亲获知了儿子的恋情,严厉地斥责儿子败坏了家庭的名声,并且命令阿尔芒赶紧结束两人的关系,但阿尔芒不肯。老父亲就去恳求玛格丽特,让她为了阿尔芒家庭的名誉和他的前途,离开阿尔芒,伤心欲绝的玛格丽特只得无奈答应了老人的请求。不知原委的阿尔芒见昔日的爱人莫名其妙地与自己一刀两断,甚至又重回那些有钱人的怀抱,他感到悲愤不已,开始用种种手段羞辱报复玛格丽特。备受打击的玛格丽特终于在爱情和疾病的双重折磨下含恨而死，最终，阿尔芒也在玛格丽特的遗物中明白了内情。追悔莫及的他痛哭流涕，但一切为时晚矣。

　　这就是《茶花女》所讲述的故事。《茶花女》是19世纪法国著名小说家、戏剧家亚历山大·小仲马（1824—1895）创作的、印刻着自己过去生活悲喜烙印的力作。1848年，这部作品的发表，令小仲马在文学界一举成名，这也是他所有小说中最优秀的作品。1852年，作者将它改编成戏剧上演，立即在巴黎引起巨大的轰动。当时的演出场场爆满，引发了万人空巷的奇观！浪漫爱情对人类来说永远具有历久不衰的吸引力，时至今日，小说《茶花女》依旧能超越时代，跨越国界，感动世人，而由此小说改编的歌剧、电影、戏剧更是受到人们的热烈追捧。

话剧《茶花女》剧照

　　作家小仲马其实是法国浪漫主义文学家大仲马的私生子。直到7岁才得到父亲承认的他，一方面，在大仲马奢侈豪华而又飘浮不定的生活影响下，"觉得用功和游戏都索然寡味"，因此，年轻的小仲马就去结识了一些有夫之妇，过着纸醉金迷的生活；而另一方面，小仲马又遗传了父亲的文学因子，灵魂深处总有一种热切的渴望，期待自己有朝一日能像父亲那样，扬名于文坛，获得父亲的认可。因此他十分注意从现实生活中广泛取材，随时随地为自己的文学创作找寻素材，《茶花女》正是他根据自己的亲身经历所写的小说。

19世纪40年代，一个名叫阿尔丰西娜·普莱西的贫苦乡下姑娘来到巴黎，玉貌花容的她很快走进了法国的名利场。这个娇媚动人的年轻女子爱好文学、喜欢音乐，烂漫清雅、谈吐不俗，很快便成为当时巴黎上流社会的社交宠儿，并改名为玛丽·杜普莱西，她就是后来"茶花女"的原型。20岁的小仲马在剧院门口与玛丽邂逅，当时正在咳血的玛丽令小仲马倍感心痛，玛丽也被他的真诚打动，于是两人如同小说中的玛格丽特和阿尔芒一样，开始了一段浪漫的交往。但玛丽依旧与许多公爵阔佬关系密切，小仲马为此痛心难忍，一气之下便写了绝交信，出国散心去了。几年后，当小仲马重返巴黎时，却听闻玛丽早已凄惨离世，他百感交集，后悔莫及。之后，小仲马在万分悔恨中，自囚于郊外。在痛失爱人的遗憾中，他灵感迸发，浮想联翩，于是成功创作出这部文学史上的爱情经典《茶花女》。在《茶花女》的一些版本里，第一页就是小仲马为玛丽写的一首诗，名叫《献给玛丽·杜普莱西》。

小仲马写《茶花女》除了在开篇用了倒叙手法之外，几乎并没有费尽心思地巧设结构，在小说里也不见华丽的辞藻，小仲马似乎只是在纯粹地讲故事。他所诉说的几乎都是他照搬来的人生经历，他将自己内心的情感和想法全都托付给小说中的人物，借他们的口一吐为快。正是这种只用平铺直叙、朴素语言的手法，看似平淡地将故事娓娓道来，才是真正简约而不简单的高超技巧。旁枝末节越少，就越能凸显故事的纯粹，纯粹的东西总是最能打动人心。

"小仲马先生给我们再现的不是日常生活的一角，而是富有哲理意味的狂欢节……只有《茶花女》是永存的。"（左拉语）小仲马笔下的玛格丽特是美丽而圣洁的，虽然她沦落风尘，却始终怀着一颗高尚、纯洁的心灵。她用生命的热诚，勇敢地去追求真爱，而当残酷的现实设下重重阻隔时，她又甘愿自我牺牲去成全恋人的人生。玛格丽特和阿尔芒身上的叛逆性格和悲剧结局，恰恰是讽刺了资本主义社会伦理道德的虚伪和对美好人性的扼杀。

　　《茶花女》是一曲爱情的伤痛曲,更是当时社会的一首讽刺诗。在光鲜华丽的浪漫巴黎,曾有一位美丽的茶花女,她为了守护心中的真爱,拼命挣扎在巴黎的阴雨天里,即使在孤苦寂寥中葬送了性命,也要牢牢坚守住灵魂中的纯洁。

革命时期的爱情
——《双城记》

"这是最好的时代,这是最坏的时代;这是智慧的年代,这是愚蠢的年代;这是信仰的时期,这是怀疑的时期;这是光明的季节,这是黑暗的季节;这是希望之春,这是绝望之冬;我们的前途拥有一切,我们的前途一无所有;我们正走向天堂,我们也正直下地狱……"这是一个被引用到泛滥的开头,这也是一个霸气外露、经久不衰的开场!这就是英国文豪狄更斯的代表作《双城记》的经典开篇,它像是一部时代歌剧的序曲,用几个跳跃的起始音符,吸引着我们去聆听整篇激昂壮阔的华彩乐章!

这部"时代歌剧"的大导演就是19世纪英国伟大的批判现实主义作家查尔斯·狄更斯(1812—1870),他的名字在英国几乎家喻户晓,是继莎士比亚之后拥有最广大读者群的英国作家。狄更斯一生刻苦写作,共创作出14部长篇小说,几乎每一部都是佳作,如《艰难时代》、《雾都孤儿》、《远大前程》等等;他所著的中、短篇小说和杂文、游记、戏剧、小品更是数不胜数。俄国作家纳博科夫(《洛丽塔》的作者)曾说:"狄更斯永远在巅峰放射异彩,现代作家们依旧痛饮狄更斯甚酣醉。"不过,你一定想不到,这样一位文坛巨匠却具有戏剧表演的天赋和导演幽默哑剧的才能,在公众面前朗诵自己的作品并进行即兴创作,难怪狄更斯笔下的小说人物常常具有戏剧化的特征和幽默的特质。狄更斯不仅熟谙幽默之道,而且还常怀一颗忧国忧民、悲天悯人之心,始终对社会和政治保持着热切的关注和强烈的责任心,正因如此,他才会以1789年的法国大革命为历史背景,创作出世界上最伟大的批判现实主义杰作之一——《双城记》(1859)。"……简而言之,那个时代和当今这个时代是如此相似。"《双城记》中的这句话解释了创作小说的初衷之一,狄更斯正是希望通过这样一本小说,描述法国大革命给人民大众带来的灾难,从而影射当时的英国社会现实,警示人们这场"可怕的大火"也可能将在英国重演。

《双城记》是狄更斯迟暮之年的巅峰之作,集中而全面地反映了作者思想的发展与艺术的精粹。故事将18世纪后期的巴黎、伦敦联结起来,在法国大革命的背景下,叙述马奈特医生一家充满了爱与恨的冒险境遇。法国大革命前,巴黎名医马奈特偶然目睹了封建贵族埃弗瑞蒙德侯爵兄弟草菅人命的暴行,因打抱不平得罪权贵,反被投入巴士底狱囚禁了整整18年。出狱后,马奈特被女儿露茜接回伦敦,不料露茜却与仇家的侄子达奈堕入情网,马奈特为了女儿的幸福只得不计前嫌,答应了他们的婚事。然而,在法国大革命的旋涡中,达奈作为逃亡贵族被捕入狱,又因为父辈的罪行而被判处死刑,露茜为此伤心欲绝。此刻,戏剧性的一幕上演了,一直深爱着露茜的英国青年卡尔顿因相貌酷似达奈,故决定混入狱中,换出了达奈。故事的结尾:当马奈特一家安全离开巴黎时,卡尔顿从容地走上了断头台。

一场革命,两座城市,几个风雨飘摇中的生命……在《双城记》里,你再看不到狄更斯早期作品中轻松幽默的笔调,全篇贯穿着悲戚的伤感和辛辣的讽刺,整个故事走的是彻头彻尾英伦哥特风:灰色、沉郁、冷峻、忧愤。《双城记》可能会使你"三观紊乱",小说里对"革命"的态度既爱又恨,充满矛盾。小说通过描述贵族阶级的荒淫残暴和人民的重重苦难,一方面肯定了革命的正义性和必然性,但另一方面,当革命真的到来之时,作者又着力渲染大革命的恐怖、混乱,认为大革命是"人类的想象力创造出无数贪得无厌、不知餍足的妖魔鬼怪"之一,展现出身陷其中的人们扭曲的人性和病态式的疯狂,由此表达出他对革命暴力性和毁灭性的批判与反思。这种纠结的"革命观"源自于狄更斯一贯的人道主义思想,他认为"在绝对正确的革命之上,还有一个绝对正确的人道主义",他为社会开出的良方是用爱来消灭恨,用仁慈、怜悯和宽恕来代替暴力复仇和阶级对抗。看看马奈特大夫,为爱女的幸福选择遗忘和隐瞒;瞧瞧卡尔顿先生,为爱情牺牲生命……爱的力量究竟有多伟大,可见一斑。

阅读《双城记》会让人产生一种看侦探小说时才有的刺激快感。在小说中,不可忽视任何一个貌似跑龙套的人物和貌似"打酱油"的细节,因为在狄更斯的笔下,它们都是铺设悬念的道具,环环紧扣,缺一不可,直到故事的结尾处,你会惊讶地发现,前面的种种伏笔、种种疑虑归诸一缕,环环解开,全部的细节连接成一个天衣无缝的奇特链条,这一刻,戏剧性的情节达到了高潮!

电影《双城记》剧照

《双城记》是许多电影导演的最爱,曾屡次被搬上大银幕,因为故事中有历史的恢弘,有爱恨的纠缠,有命运的逆转,更有一个令人难以抗拒的男二号——卡尔顿。纵观《双城记》里的主角们,从美丽善良的露茜小姐到达奈先生,再到爱女心切的马奈特医生,他们都被描写成模式化的情节推动者,有血有肉却表情模糊。而对于卡尔顿,狄更斯的笔法是完全不同的,他对卡尔顿的描写之详细,与其出境次数之寥寥形成鲜明对比。狄更斯塑造的卡尔顿"是个很有才华、感情深厚的人,却无法用那才华和情感为自己获取幸福。明知其危害,却听之任之,让自己消磨憔悴"。他用充满怜悯的讥讽不动声色地赞美着这个挣扎却高贵的灵魂,实际上,狄更斯正是首先想到了卡尔顿这个人物和他身上的某种精神才构思成《双城记》的。

狄更斯47岁写下的这个故事,最终是以卡尔顿那耶稣布道般的独白华丽收尾的:"我现在已做的远比我所做过的一切都美好;我将获得的休息远比我所知道的一切都甜蜜。"他的悲剧基调与神性色彩在生命的最后一刻得到升华,写就《双城记》中最绚烂最玄妙的一笔。狄更斯将自己的悲悯意识"润物细无声"地渗透进卡尔顿生命中去,或许,卡尔顿就是狄更斯的化身。

《双城记》无疑是文学巨擘狄更斯作品中故事情节最曲折惊险、最惊心动魄的小说之一,这样一个革命时期的爱情故事,情节之跌宕动人,构思之精妙绝伦,令人拍案叫绝,叹为观止,而且作者对革命的思考和对人性的反省读来也让人备受启发。

物竞天择，适者生存
——《物种起源》

"看一眼缤纷的河岸吧！那里草木丛生，鸟儿鸣于丛林，昆虫飞舞其间，蠕虫在湿木中穿行，这些生物的设计是多么精巧啊！"(《物种起源》)对这缤纷神奇的大自然充满着无限的好奇吗？对绿树红花、鸟兽虫鱼也都有着极大的兴趣？读者曾痴迷于在乡野田间捕捉昆虫、采集草木吗？热爱自然科学，千万不可错过这本进化论鼻祖达尔文留下的"自然生命进化解密大全"——《物种起源》！

这部"解密大全"的作者是英国博物学家达尔文(1809—1882)。达尔文出生于英国一个医生世家，从小他就是个令父亲头疼的小子，他不愿继承家业学医，却只对花草植被、鸟类昆虫感兴趣，整日埋首于自己的科学活动中，被父亲认为"不务正业"。1831年，22岁的达尔文刚从剑桥大学毕业，就带上老爸给的一大笔钱，自费跟随"贝格尔号"军舰，开始了他一生中最重要的环球考察探险。在这长达五年的考察中，达尔文跋山涉水、历经艰险，收集到许多岩石标本和动物化石，与各地居民交流，向他们请教，并记录下相关资料。后来，他又随船横渡太平洋，经过澳大利亚，越过印度洋，绕过好望角，终于在1836年返回英国。此后，达尔文进入了资料整理和深入研究阶段。他铆足了劲儿，为其生物进化理论寻找充分的证据，并慢慢将他的零碎看法写成文章，但却没有发表。后来的科学家认为，达尔文迟迟不发表的原因之一就是担心他的理论会引起教会势力的强烈反对。33岁时，达尔文完成了《物种起源》的简要提纲。1858年，达尔文接到在马来群岛调查的博物学者华莱士有关物种形成的文章,令人惊奇的是,华莱士对于物种形成的看法与他有很多相似之处,这令他倍感欣慰,因为"他不是一个人在战斗",更重要的是,华莱士的观点增强了达尔文对自己学说的信心。于是达尔文和华莱士在1858年的伦敦林奈学会中,以两人共同署名的方式,发表了有关物种形成的文章。直到1859年11月24日,伦敦市民几乎全部涌入书店,争相购买一本刚刚出版的新书。这本书就是达尔文历经28年写成的《物种起源》,进化论奠基人达尔文的第一本科学巨著终于诞生了!据了解,此书的第一版1250册在出版当日就全部售罄,创造了图书销售史上的奇迹。

《物种起源》全书共有十五章,前有史略和绪论。达尔文在绪论中介绍了创作的经过和付梓的原因,然后用十四章,分别阐述生物进化的过程与法则。这十四章的内容可分为三个部分,其中第一至五章是第一部分,这是全书的主体及核心,达尔文开门见山地告诉人们"自然选择即适者生存",他大声宣告自然选择学说建立了!接下来的第二部分是第六至十章,作者大胆地站在反对者的立场上向他的进化学说提出一系列质疑,然后再一一作出回应和解释,以科学的论述将这些质疑逐一攻破。达尔文深知"事实胜于雄辩"的道理,所以他在全书的第三部分第十一到十四章中,用以自然选择为核心的进化论对生物界在历史演变、地理变迁、形态分宜、胚胎发育中的各种现象进行了令人叹服的解释,这样一来他的进化理论就有了"用事实说话"的支撑。在最后的第十五章中,达尔文称本书为"一篇绵长的争论",对其理论观点做出复述和总结。

在这本划时代的科学著作中,达尔文提出了一个又一个令人"大跌眼镜"的进化迷思:世界上形形色色的生物,不是上帝的杰作,而是"若干少数生物的直系后代",所有的生命只有一个祖先,因为生命都起源于一个原始细胞的开端;生物进化是客观存在的事实,并且有规律可循,它们都是从简单到复杂、从低级到高级逐步发展而来,生物在进化中不断地进行着生存斗争和自然选择,这种发展和进化,并非来自超自然力量干预,而是自然界内部矛盾斗争的结果……达尔文以全新的进化思想推翻了"神创论"和"物种不变"理论,沉重地撼动了神权统治的根基。一时间,从教会到保守文人全都震怒了,他们集体炮轰达尔文的学说,认为其理论"亵渎圣灵",触犯"君权神授天理",丧失人类尊严。当然,也自然有理性支持者拥护和捍卫真理,以《美丽新世界》的作者赫胥黎为代表的进步学者,大力支持并积极宣传达尔文的进化论思想。

《物种起源》的出版像是平地一声惊雷,在欧洲乃至世界引起了巨大的震动,它轰开了人们禁锢的思想,将人们从宗教的极端迷信束缚中解放出来。达尔文关于生物普遍进化的思想和他创立的"物竞天择,适者生存"的进化机制如今已成为学术界、思想界公认的19世纪自然科学三大发现之一。此后,《物种起源》的出版年份1859年,成了划分科学史前后两个"世界"的一道华丽的分割线。

至此,达尔文成为19世纪的、甚至是一切世纪的博物学中最伟大的革命者,正如德国哲学家李卜克内西所言:"达尔文远离大城市的烦嚣,在他宁静的庄园里准备着一个革命……"

然而,随着时间的推移和科学研究的深入,达尔文主义逐渐被人推向极端,成为种族主义者进行种族扩张、种族灭绝、弱肉强食的理论依据。他的理论甚至被炒作成资本家残酷竞争的辩护理由,正所谓"物极必反",这些极端的论调无疑是对进化论的曲解和滥用。

"物竞天择"、"适者生存"、"遗传变异"……这些词语是人类发展史上高频热词,它们曾经轰动一时。《物种起源》第一次把生物学建立在完全科学的基础上,达尔文的进化论不仅掀起了生物学上的一次革新,而且波及了社会变革的众多方面。马克思就曾说过:"达尔文的著作非常有意义,这本书我可以用来当做历史上阶级斗争的自然科学根据。"毋庸置疑,《物种起源》在人类科学史和思想史上都具有划时代的意义,是一部影响世界历史发展进程的杰作!

现实主义与浪漫主义完美结合的史诗
——《悲惨世界》

自古乱世出英雄,一个人因为偷面包而被送进大牢,在监狱这个大熔炉中,他的知识水平获得了极大的提升,练就一身所向无敌的本领。虽然由于时运不济,他四次越狱四次被抓,但是在这期间,他居然掌握了刺客的一切技能:潜伏、隐身、飞檐走壁,更令人惊讶的是他还学会了一项核心技术——玻璃制造,就因此他办厂致富,广做慈善,俨然成为草根阶级发家致富的典型代表,甚至还被选为市长……不过,这个偷面包青年的故事并没有简单地就此结束,高潮还在未知中,精彩总在最后头。要想知道他后来的命运如何,就千万别错过法国大文豪雨果的恢弘巨著《悲惨世界》!

维克多·雨果(1802—1885)是19世纪前期积极浪漫主义文学运动的杰出领袖,是法国最伟大的诗人、小说家之一。他一生以人道主义、反对暴力、以爱制恶为创作的思想核心,留下了26卷诗歌、20卷小说、12卷剧本和21卷哲理论著,像《巴黎圣母院》和《悲惨世界》等长篇小说,都是享誉世界的经典名著。雨果不仅是一位文学界的大师,他还是一个胸怀博大的民主斗士。他声讨封建专制,鞭挞民族压迫,甚至还曾斥责英法

雨果像

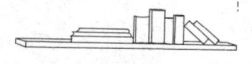

联军对中国的侵略。罗曼·罗兰曾如此评价雨果："在文学界和艺术界的所有伟人中，他是唯一活在法兰西人民心中的伟人。"

鸿篇巨作《悲惨世界》就是这位法兰西伟人的一部长篇杰作。它规模宏大。枝叶繁复，全书共由《芳汀》、《珂赛特》、《马吕斯》、《卜吕梅街的女儿与圣丹尼街的英雄血》和《冉·阿让》五个部分组成。贯穿小说的线索人物就是本文开头所提到的那个偷面包的青年——冉·阿让，他本是一个修剪树枝的工人，因为偷了一块面包而服了19年的苦役。刑满后，他被米里艾主教感化，成了一个乐善好施的人。他化名马德兰，办厂发家，勤劳致富，一度因为广受市民爱戴而被选为市长。但后来，由于他苦役犯的身份暴露，加之警官沙威从中作梗，冉·阿让又一次被捕入狱。越狱后，他救出了已故女工芳汀的孤女珂赛特，隐居巴黎，一边躲避沙威的追缉，一边继续行善。1832年，冉·阿让参加了共和起义战斗，在街垒战中他释放了俘虏沙威，抢救了负伤战士马吕斯。之后，他成全了养女珂赛特和马吕斯的婚姻，而他们却因误会反而疏远了冉·阿让。临终前，彼此间的误会终于解除，冉·阿让在马吕斯夫妇的怀抱中安然离世。

雨果在本书的序言里就明确地提出，"本世纪的三个问题"是"贫穷使男子潦倒，饥饿使妇女堕落，黑暗使儿童羸弱"，《悲惨世界》里的冉·阿让、芳汀和珂赛特正是这里潦倒男子、堕落妇女和羸弱儿童的代表。在小说中，雨果以描写下层人民的苦难命运为中心，揭示当时法国社会问题的严重性，他认为人们不幸的根源就是现代社会的"文明"，指出在穷人头上，"层层叠叠的有一大堆可怕的东西：法律、偏见、人和事"，以此表达了作者对苦难者真挚深沉的同情。此外，雨果还提出了解决上述社会问题的办法。在他看来，人道主义精神是解决问题的至善法宝。《悲惨世界》中，仁爱和道德感化贯穿故事始终，米里艾主教就是作者博爱主义的形象代言人。

《悲惨世界》被后人广为赞颂，殊不知，在如此一部"社会的史诗"的背后，是作家雨果多年辛劳的酝酿和勤奋的积累。小说的创作动机来自于真实的事件:1801年,有一个穷苦农民,因饥饿偷了一块面包被判五年苦役。刑满释放后,他因持有黄色身份证,在社会中处处碰壁。此外,好友维多克年轻时的逃亡生活也启发了雨果。到1828年,雨果开始搜集有关米奥利斯主教及其家庭的资料,酝酿要写一个释放的苦役犯受圣徒式的主教感化而弃恶从善的故事。在1829年和1830年间,雨果还研究了有关黑玻璃制造业的材料,这便是小说中冉·阿让到海滨蒙特伊,化名为马德兰先生,开办工厂并发迹、从苦役犯变成企业家的由来。此外,雨果还参观了布雷斯特和土伦的苦役犯监狱,在街头目睹了类似芳汀受辱的场面。到了1832年,这部小说的构思其实已相当明确了。此前雨果已经发表了多部小说,这其中就包括他的另一部里程碑式作品《巴黎圣母院》(1831年),但是他就是迟迟没有动笔写这部压在他心头的作品。前后酝酿了20年之久,直到1845年11月,雨果才终于开始着笔创作,同时还继续增加材料,丰富内容,很快便顺利写完第一部,暂定名为《苦难》。不料,这本书恰恰印证了它的名称,遭逢接连不断的苦难命运。在书稿完成将近五分之四时,雨果不幸卷入政治漩涡,被流放海外。1848年雨果又被迫放下了创作的笔,这一搁置又是12年。

塞翁失马,焉知非福。正是在盖纳西岛流亡期间,雨果才得以有机会重新审视一切、反思一切。他不仅对原先《苦难》的手稿做了重大修改和调整,还增添了大量新内容,整部作品因此焕然一新。在1861年6月30日,这位法兰西的一代文豪终于完成了这部酝酿多年、命途多舛的伟大作品,最终定名为《悲惨世界》。1862年7月初,《悲惨世界》一出版,就被人们如饥似渴地阅读。从诞生之时起到现在,《悲惨世界》曾19次被拍摄成电影,4次被拍成电视剧,《悲惨世界》是影视界赫赫有名的大腕级经典剧本。正像《悲惨世界》卷首上的一句话所言:"只要这土地上有着无知和悲惨,像本书一样性质的书就不无裨益。"

读一本百万字的大部头巨著需要些耐心,而敢于写出百万字书的人更要具备让读者手不释卷的本领,"法兰西的莎士比亚"维克多·雨果就有这样的才能。在小说《悲惨世界》中,他浓墨重彩地描绘出一幅从

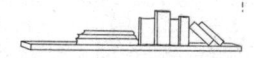

18世纪末到19世纪中叶疯狂法兰西的辉煌画卷。画幅的卷首上溯1793年大革命高潮的年代,接着又着力描绘滑铁卢战役和波旁王朝复辟时期的社会生活,卷末一直延伸到1832年巴黎人民起义,直抵七月王朝初期。作者以这近半个世纪的历史过程为时代背景,用摇曳生姿的笔触,全方位地展现了19世纪中期法国蔚为壮观的社会图景:硝烟弥漫的战场、巴黎悲惨的贫民窟、阴暗的修道院、可怕的法庭、黑暗的监狱、新兴工业城镇、巴黎大学生聚集的拉丁区等,这些画卷中栩栩如生的场景,无一不真切入微,摄人心魄,如此色彩浓重瑰丽、气势磅礴的艺术感染力,堪称是文学史上现实主义与浪漫主义巧妙结合的典范。

　　经历过多次法国社会大动荡的雨果,是带着强烈的历史感完成这部鸿篇巨制的。他对滑铁卢战役的描绘成就了一篇惨烈悲壮的战争史诗;他将自己几十年来所积累的关于穷人苦难生活的大量资料,浓缩成冉·阿让、芳汀、珂赛特三人的不幸遭遇,描写的是一部穷人命运的史诗;而他对1832年巴黎人民起义的再现,则是一首激越昂扬的英雄史诗。通过这些描写,雨果以360度立体式的广角镜像,呈现出一个"悲惨世界"的全景画面!

　　"如果只剩下一千个人,那千人之中就有我!如果只剩下一百人,我还要斗争下去;如果只剩下十个人,我就是第十个;如果只剩下一个人,我就是那最后一个!"高昂激越的语言、极具匠心的构思、恢宏磅礴的力量,维克多·雨果以喷薄浩荡的笔势,将一部聚集了所有"史诗大片"元素的雄浑巨著《悲惨世界》,重重地掷向麻木、冷漠、混沌、黑暗的人间,作为一部现实主义与浪漫主义完美结合的史诗,一百多年来,它始终像暴风一样轰响在世界上!

一部让尼采都感到震撼的小说
——《罪与罚》

是谁犯了罪？他又该受何惩罚？就让我们随着《罪与罚》在险象环生的噩梦极限体验中，感受文字世界的惊心动魄吧！

1865年，俄国某杂志上的一篇连载小说吸引了许多人的眼球，读者们纷纷在"未完待续"的纠结中抓狂地等待着后续部分。当时该小说还没有写完，就已经名声大噪了。这部轰动一时的伟大作品就是陀思妥耶夫斯基的代表作《罪与罚》。故事的主人公是一个名叫拉斯柯尔尼科夫的穷大学生，他住在彼得堡贫民区一家公寓的五层楼斗室里。拉斯柯尔尼科夫原先在彼得堡大学法律系念书，因交不起学费而被迫辍学，只得靠母亲和妹妹从拮据的生活费中节省下来的钱勉强维持生活。不近人情的房东太太不断向他催讨房租，贪婪地压榨他的钱财，因此他恨透了这个残酷苛刻的老板娘。后来，他结识了马尔美拉陀夫一家，这一家人哀痛和屈辱的遭遇刺激了他灵魂深处的隐痛。在酒吧里，他偶然间听到邻桌的人

陀思妥耶夫斯基像

关于杀死坏人有利于社会的讨论，这让他产生了杀人的念头，"杀死一个不幸的老太婆，一只吸人血液的蜘蛛——为了用她的钱造福千千万万趋于灭亡的人们"。次日晚间，拉斯柯尔尼科夫真的就把房东太太给杀

了。可是从此以后，他便陷入了深深的恐惧和焦躁的苦闷之中，惶惶不可终日。他感到自己原先的一切美好感情全都随之泯灭了，良心的谴责是比法律更严酷的惩罚。在马尔美拉陀夫的女儿索尼娅的劝说下，他最终向警方投案自首了。被判处8年苦役的拉斯柯尔尼科夫来到了西伯利亚。不久，索尼娅也去了那里，他们紧紧相拥，一起迎接自己精神上的新生。

　　在整个故事中，罪是起点，罚是重点，小说的绝大部分篇幅都是在深度揭秘主人公拉斯柯尔尼科夫在杀人之后的心路历程。可以说，《罪与罚》是一部卓越的社会心理小说。它的作者费奥多·陀思妥耶夫斯基(1821—1881)用高超的艺术技巧，向人类传达着一种共鸣式的紧张的隐痛。这位俄国19世纪文坛上享有世界声誉的小说家，终生都为贫穷所困，死刑蒙赦、苦役充军、恫吓威胁几乎充塞了他困顿而传奇的一生，这些经历都在他的心里留下了无法抹去的阴影。不过，"贫穷并不是罪过"、"受苦是一件伟大的事情"，正因为陀思妥耶夫斯基对人类的苦难有着直接而深刻的体验，所以他的作品在深邃的批判中爆发出极强的艺术力量，常常令读者感到不寒而栗，却又直呼过瘾。鲁迅曾说，陀思妥耶夫斯基"将自己作品中的人物们，有时也委实置之万难忍受的、没有活路的、不堪设想的境地，使他们什么都做不出来。用了精神的苦刑，送他们到犯罪、痴呆、酗酒、发狂、自杀的路上去。这确凿是一个'残酷的天才'，人的灵魂的伟大的审问者。"

　　不但如此，这个"残酷的天才"还是一个安排故事情节的大师。《罪与罚》的开篇是主人公的一段漫无目的、犹豫的、焦躁的漫步，字里行间中带有一种蓄谋的企图和引诱的快意。在杀死房东太太之前，作者只是简单描写了主人公在犯罪前两天发生的几件事情。在这些看似不经心的交代里，却能极其清晰地表现出焦躁感正紧锣密鼓地层层递进。直到斧子砍下去的那一刻，伴随着一种心惊肉跳的神经质，故事这才算是刚刚开始。在主人公杀人之后的漫长段落中，作者真正是虐够了读者的心。我们看主人公的情绪从平缓的失落到漫长的疑虑，其间总会猛然蹦出他突如其来的思维断裂和疯狂的癔症发作。他会突然醒来,看见自己手里还捏着带血的碎布,"我这是怎么了?!我就是这么毁灭罪证的么?!"他怀疑自己的眼睛出了问题,他觉得人人都能看到他身上的斑斑血迹,只有他自己看不见。作者对犯罪心理细致的表现,对病态人格入微的描述,如此生动又深刻的笔触是任何心理学教材都无法与之媲美的!因陀思妥耶夫斯基在描写人物紧张状态下的种种幻觉和下意识方面具有独特的才能,他也被超现实主义等流派尊称为"导师"。不过,《罪与罚》并不是一部恐怖小说,虽说它确实将戏剧手法推向了极致,营造出一种空前刺激的恐怖氛围,但读者还是会在气势磅礴、紧张恐怖的千变万化中,感受到涌动在字面下捉摸不定、变幻莫测的精神困倦。

《罪与罚》的创作灵感其实来源于一个真实的人物。1860年,陀思妥耶夫斯基在阅读法国刑事案件汇编时,一篇题为《拉赛内尔诉讼案》的文章引起了他的注意。案件的主人公是里昂市一个商贾的儿子,名叫皮埃尔·弗朗索瓦·拉赛内尔,他面孔清癯,风度优雅,嘴角上总是挂一丝嘲讽的微笑。在一次决斗中,拉赛内尔杀死了一个著名政治演说家的儿子,后来就被送入了大牢。在狱中,拉塞内尔出过一本诗集。当他被释放后,拉赛内尔原打算继续写诗,但他发现

电影《罪与罚》宣传画

这并不能令他感到满足。他开始跟狱友们频繁往来,并参与他们的盗窃活动,久而久之,他的野心愈发膨胀,决定去抢劫财物、行凶杀人。这个罪犯非但不冲动蛮横,反而极其冷静。他有着清晰的记忆、广博的知识和精辟的见解,他曾在一大群作家、法学家和医生们面前,尽情地发挥他关于文学、道德、政治和宗教的思想,令所有的听众都惊诧不已。正是这

位喜欢发表抽象议论的罪犯,引起陀思妥耶夫斯基极大的兴趣,在他看来,若是能深入挖掘这类人内心世界的矛盾与惶恐,再用浪漫主义的手法加以表现,定能成就一篇佳作。果不其然,善于"刻画人的心灵深处的奥秘"的陀思妥耶夫斯基用笔临摹拉赛内尔式的人物,塑造了一个具有双重人格的"变坏了的好人",终于完成了《罪与罚》这部独特的社会哲理小说。

陀思妥耶夫斯基怀着真切的同情和满腔的激愤,用灰暗的基调将19世纪60年代沙俄首府的黑暗、赤贫、绝望和污浊一起赤裸裸地展现在人们面前。与此同时,他也留给人们一个道德困惑——拉斯柯尔尼科夫的杀人动机是否成立,他究竟是一个英雄,还是一个罪人?"人是一个谜,需要解开这个谜,即使你一辈子都在解这个谜,你也别以为你是在浪费时间。"《罪与罚》问世后,有无数人想要解开这道谜题,而作者在小说中其实并没有给出答案,他最终是以主人公对宗教的皈依结束了整部作品的紧张气氛,后来这点也成为《罪与罚》饱受非议的所在。

揭示资本主义社会发展规律的伟大著作
——《资本论》

如果你知道卡尔·马克思(1818—1883)是在怎样的情况下写出《资本论》的,你就会明白"呕心沥血"一词的真正含义;如果你了解马克思的阅读量达到怎样惊人的程度,你也就不会意外,为什么《资本论》在出版一百多年后,仍然被人们视为政治经济学的一座"珠峰",并且稳居世界各民族语言出版传播最广的理论著作排行榜的前列。马克思究竟留给了后人怎样的经典,这部杰作又给人类带来如何重大的影响呢?让我们一起翻开这部科学理论巨著——《资本论》。

1848年欧洲革命失败后,马克思经历了多次"被驱逐"的惨遇,携带全家,变卖掉所有日常用品,来到了雾都伦敦。马克思及家人两手空空地来到伦敦,很长时间以来也依旧是身无分文。因此,他们一次又一次地因为付不起房租而被迫举家迁移。起初,他们住在伦敦安德森大街4号,每周房租6英镑。这对马克思一家来说,简直就是不让他们吃饭!因拖欠房租,房东叫来了警察,收走了马克思一家的全部东西,甚至连婴儿的摇篮、女儿的玩具也没留下。后来,他们被迫搬进了累斯顿大街的一个旅馆,租金每周5镑。他们又一次因无法付房租而被主人赶走了。在经历多次"被驱逐"和"被赶走"的颠簸命运后,直到1850年,马克思搬到了迪安大街28号,一家七口总算暂时在伦敦安定下来,住进两个狭窄的小房间里。也是在这一年,马克思领到了一张英国伦敦博物馆的阅览证,从此,阅览室就成了他的半个家。

那一段时间，马克思每天从早晨9点到晚上8点左右，都泡在伦敦大英博物馆里，如饥似渴地"啃书本"，回到家里他还要整理阅读笔记，马克思和他的一盏孤灯一直要到深夜两三点才能歇息。马克思曾对别人说，我为了为工人争得每日8小时的工作时间，我自己就得工作16小时。据统计，在伦敦博物馆中，马克思广泛阅读和收集跟写作《资本论》有关的各个学科的书籍和资料，如农艺学、工艺学、解剖学，更不用说历史学、经济学、法律学了，他所摘的内容和整理的笔记有100余本。

为了写《资本论》，马克思深入阅读过的书籍有1500多种，甚至连英国议会专门发给议员的报告材料"蓝皮书"，他都一本一本阅读。对于议员来说，"蓝皮书"几乎等于废纸，没有多大用处，但对于马克思来说，这些官方材料是那样的弥足珍贵，因为他要从政治经济学的角度去研究资本主义剥削工人的本质，而这些"废纸"里就记录着英国每年、每阶段的经济报告及经济政策，它们是研究资本主义经济绝佳的第一手资料。

1856年，马克思迁居到伦敦西北的肯蒂士镇。那里离伦敦博物馆更远了，但马克思还是每天风雨无阻地前去伦敦博物馆，从未间断过《资本论》的写作。饿了，啃一口干面包，渴了，喝一杯白开水，疲倦了，就站起来跳两下，然后继续工作。马克思就是这样，年复一年忘我地在伦敦博物馆里没日没夜地工作着，终于，1867年9月14日《资本论》第一卷在汉堡正式出版了！

《资本论》共分为三卷，是马克思用德语写作的一部政治经济学著作，1883年马克思逝世后，其余各卷由恩格斯整理出版。《资本论》的第一卷从商品入手，着重研究了资本的直接生产过程，揭示了作为阶级关系的资本的本质，重点阐述了剩余价值理论；第二卷研究的是资本的流通过程和总过程的各种形式，分为三篇来进一步揭示资本的本质及其内在的深刻的矛盾；最后一卷探讨的核心论题是剩余价值如何在剥削阶级内部分配的问题。这部皇皇巨著第一次深刻地分析了资本主义的全部发展过程，以数学般的准确证明这一发展的方向必然引导至社会主义革命和无产阶级专政的确立。《资本论》武装了无产阶级,成为无产阶级进行革命斗争的强有力的理论武器。

像达尔文的《进化论》曾发现有机自然界的进化规律一样,马克思的《资本论》则发现了人类社会的进化规律。马克思的《资本论》在说明资本主义对生产力的巨大发展和对历史进步的贡献的同时,也科学地揭示出由于资本主义固有矛盾的发展和日趋尖锐化,最终必然导致资本主义的灭亡,进而让位于更高级的社会主义和共产主义社会。马克思根据剩余价值学说揭示了资本主义剥削的秘密,指出无产阶级必然要为实现无产阶级专政和消灭人剥削人的现象而斗争。正如恩格斯所言:"自地球上有资本家和工人以来,没有一本像我们面前这本书那样,对于工人具有如此重要的意义。资本和劳动的关系,是我们现代全部社会体系所赖以旋转的轴心,这种关系在这里第一次作了科学的说明,而这种说明之透彻和精辟,只有一个德国人才能做到,这个人就是马克思,他攀登到最高点,把现代社会关系的全部领域看得一览无遗。"

同时,马克思在分析资本主义经济规律的同时,还科学地论证了人类社会普遍适用的经济规律,如社会化大生产的共同规律、经济全球化和世界市场的规律、商品生产的一般规律等等。西方主流经济学泰斗级人物萨缪尔森曾经感慨道:"十亿人,约占全世界人口的三分之一,把《资本论》看成是经济学的真理。"

《资本论》在方法论上最大特色,就是把逻辑、辩证法和认识论有机地结合起来,融为一体。正如列宁所说:"在《资本论》中,唯物主义的逻辑、辩证法和认识论都应用于一门科学。"马克思使用从抽象上升到具体的方法、逻辑与历史一致的方法,对资本主义社会矛盾运动的辩证分析,丰富和发展了马克思主义辩证法。另外,著作中涉及有关政治学、社会学、历史和文化等方方面面的研究,这些全都反映着马克思的历史唯物主义观,因此可以说,《资本论》是一部天才的哲学历史著作。

洋洋洒洒205万字的思想巨著《资本论》,是马克思"整个一生科学研究的成果",它凝聚着马克思的毕生心血和全部智慧,是他献给全世界无产阶级的一部最重要的科学文献,他的思想武装了全体工人阶级,他的论著完成了政治经济学上的一场伟大革命!当今形势与一百多年前相比已发生巨大变化,但是马克思的《资本论》却在时间的长河与历史的激荡中历久弥新,如今,不仅发展中国家的人们、全世界的工人阶级和劳动人民学习他的理论,而且在发达国家的许多著名大学里,《资本论》也已成为一门必修课。"马克思的整个世界观不是教义,而是方法。它提供的不是现成的教条,而是进一步研究的出发点和研究使用方法。"(恩格斯语)

  人类对于智慧的追求是永无止境的,马克思,这位全世界无产阶级的伟大导师倾尽一生的心血,写出一部惊世骇俗的光辉著作《资本论》,它处处都闪烁着人类智慧的天才火花。《资本论》是政治经济学领域一笔丰厚的财富,也是人类思想宝库的一件珍宝,这样一块熠熠闪光的瑰宝怎能不吸引我们前去挖掘呢?

一部堪比《红楼梦》的全景式作品
——《战争与和平》

什么是不朽的著作？没读过《战争与和平》就不会真正懂得不朽的奥义！读了它你几乎都不敢正视作者犀利的目光；读了它你才会在"路漫漫其修远兮"的历史荒原中"上下而求索"；读了它你能幸运地触摸到人类智慧的穹际！让我们一起来读一读俄国文坛泰斗列夫·托尔斯泰的第一部里程碑式的作品吧！

《战争与和平》是一部宏伟的巨著，它以1812年拿破仑侵俄的战争为中心，通过对安德烈·保尔康斯基、彼埃尔·别祖霍夫和娜塔莎·罗斯托娃三个中心人物的描写，呈现出历史巨变中贵族的前途和命运。整个故事以保尔康斯基、别祖霍夫、罗斯托夫和库拉金四大贵族家庭的纪事为情节线索，从战争与和平两个方面表现了俄罗斯民族同法国侵略者、俄国社会制度同人民意愿之间的矛盾，细致地描绘了各个阶级的生活。在战争与和平的年代里，随着主角的命运的展现，小说全景展现19世纪初期俄国社会与政治变迁的方方面面，记录下欧洲最动荡时期的历史。可以说，《战争与和平》是一部再现当时波澜壮阔时代的恢弘史诗。作为俄国文学史上第一部卷帙浩繁的长篇巨著，它以气势澎湃的构思和卓越高超的艺术表现震惊了世界文坛，成为举世公认的世界文学名著和人类宝贵的精神财富。英国作家毛姆、法国作家罗曼·罗兰称赞它是"有史以来最伟大的小说"，"是我们时代最伟大的史诗，是近代的伊利亚特"。

写就《战争与和平》这部时代史诗的列夫·托尔斯泰（1828—

1910），是 19 世纪俄罗斯文学现实主义的代表作家，重情节、重典型、重写实、重批判的文学，在他的笔下达到巅峰。他的三部里程碑式的长篇巨著(《战争与和平》、《安娜·卡列尼娜》和《复活》)，皆是传世经典，这些成就令他成为俄罗斯文学史上创作时间最长、作品数量最多、影响最深远、地位最崇高的作家，因此，托尔斯泰是公认的最伟大的俄罗斯文学家。美国著名文学教授兼批评家哈洛·卜伦甚至称托尔斯泰是"从文艺复兴以来，唯一能挑战荷马、但丁与莎士比亚的伟大作家"。

  托尔斯泰出身名门望族，幼时失去双亲，由姑母抚养长大。虽然从小接受的是贵族式的教育，在贵族环境中成长，但是他一生都在与贵族的身份作斗争。托尔斯泰同情农民阶级，一心想改变穷苦农民的困顿状况，而对资产阶级乡绅的冷酷自私感到极度愤慨。随着对俄国社会现状的认识逐渐清醒，托尔斯泰相继创作了许多作品，长篇小说代表作《战争与和平》和《安娜·卡列尼娜》的出版，为他赢得了世界一流作家的声誉。到了晚年，托尔斯泰憎恶纷扰的社会现状，讨厌亲友间虚伪的应酬，对自己优越的生活愈发感到不安，因此他致力于"平民化"工作，过着简朴的生活，希望放弃私有财产和贵族特权。然而，这样的思想与他的贵族家庭生活产生了巨大的冲突，遭到了妻子和子女的强烈反对。最终因为受不了家庭氛围给他造成的极大苦闷，82 岁的托尔斯泰竟然选择离家出走，试图彻底摆脱贵族生活，结果他在途中染上肺炎，病逝在阿斯塔波沃火车站附近的一栋小屋里。

  《战争与和平》是托尔斯泰在不惑之年写下的鸿篇巨作，从 1863 年到 1869 年，前后共用了 6 年时间。这期间他不仅要写作，还得管理名下占地 380 公顷的庄园。《战争与和平》中彼埃尔和尼古拉操持家务的情景便是作者日常生活的写照。从托尔斯泰的经历来看，他青年时代混迹交际场，对太太小姐们的贵族生活相当熟稔。欠下巨额赌债后穿上戎装，亲身经历克里米亚战争，这也成了《战争与和平》里战争场面写作的真实模板。书中那些轰轰烈烈的战争场面，熊熊燃烧的莫斯科，风雪交加的溃退之旅，让人身临其境。虽是贵族身份，但托尔斯泰有着自己独特的历史观,他努力写人民的历史。在小说《战争与和平》中,他把卫国战争写成正义之战,高度赞扬人民群众高涨的爱国热情和乐观主义精神。可见,丰富的人生阅历和广泛的生活体验成为托尔斯泰文学创作的灵感源泉和资料来源,正因如此,他才能在《战争与和平》中生动地描绘1805—1820年俄国社会的重大历史事件和各个生活领域,展开一幅广阔的社会画卷。

电影《战争与和平》剧照

《战争与和平》中,会看到战争与和平、前线与后方、国内与国外、军队与社会、上层与下层在托尔斯泰的笔下全都完美地联结在了一起,阅读中读者既能感受到时代的整体风貌,又会惊讶地发现在这些广阔的典型环境里,各式各样的典型人物瞬间跃然纸上。在典型环境中塑造典型人物,这可是托尔斯泰驰骋文学江湖的一大高招。他最擅长运用现实主义和心理分析的手法,不管男女老少,不论主角配角,由托尔斯泰的笔写出来全都栩栩如生、令人信服。少女时代的娜塔莎,美丽而快乐,她的生命绚烂如花,没有人会不爱她;安德烈公爵倒在战场上仰望天空,这段最后濒死的体验,使人产生一种醍醐灌顶的感觉;那个浑浑噩噩一事无成的大个子、老好人彼埃尔,虽然做了一大堆乱七八糟事情,但是却让人觉得他无比可爱,因为从他身上流露出的善良特质显得极其自然,没有丝毫造作。即使是对那些配角的描写,托尔斯泰也决不敷衍。他笔下的配角们性格迥异,每个人的形象都绝不雷同,个个生动逼真。在《战争与和平》中,出场人物多达559个,每一个都是活生生的血肉之躯,各有其独特的个性,且充满了生命的悸动。这恐怕只有莎士比亚的作品可以与之媲美。

在《战争与和平》中,"近千个人物,无数的场景,国家和私人生活的一切可能的领域,历史、战争,人间一切惨剧,各种情欲,人生各个阶段,从婴儿降临人间的啼声到气息奄奄的老人的感情最后迸发,人所能感受到的一切欢乐和痛苦,各种可能的内心思绪……在这幅画里都应有尽有"。读罢托尔斯泰这部代表作,读者定会惊叹,怎么好像没有什么情感作者不能理解,也没有什么场景作者写不出来,在这位大师的笔下,各色人物亲切真实,各种场面如在眼前。更令人惊奇的是,虽然这是一部19世纪的大部头作品,但是今日读来却没有任何隔阂感,也不会觉得冗长而读不下去。我们眼前的托尔斯泰更像是一个正直无私、纯真善良的孩子,手捧着一本本心血巨著,毫无保留地向人们展示着他真诚而悲悯的灵魂。正是托尔斯泰对人类生存的尊重和对人性魅力的歌颂,酝酿出了一种历久弥新的艺术力量,这足以令他的作品穿越时空,震撼人心!

卑微者的高贵

——《羊脂球》

《羊脂球》是19世纪后期法国文坛巨星莫泊桑(1850—1893)的一部短篇珍品。读莫泊桑的小说,好似读一段历史,就像你从《羊脂球》中便可见到"普法战争"法国战败后社会的黑暗与腐朽。

故事讲述的是一段简简单单的旅程,因为在普法战争中法国战败,普鲁士军队进驻鲁昂城,一些商人、修女、贵族,包括故事的主人公——因体态丰盈,有如羊身上满是脂肪的球状体而得称"羊脂球"的妓女艾丽萨贝特·鲁西,一行人共同乘坐一辆马车,踏上了出境的旅途。马车上一共有十个人,除了出身卑微的羊脂球外,其他九人都来自上流社会,他们都因羊脂球的身份而对她嗤之以鼻,冷眼相待。谁知中途冰雪封路,马车耽误了行程。羊脂球是车上唯一一个记得带食物的人,她大方地把自己准备吃三天的一篮食品全都拿了出来,顿时被那些所谓体面人士吃得精光。

当马车途经被敌军占领的多忒镇时,由于羊脂球为了祖国的尊严而断然拒绝了普鲁士士兵的下流要求,他们的马车被扣了下来,众人不得前行。此时,那些"高贵人士"为了各自的私利,密谋策划,费尽心思地编造各种历史,诱骗羊脂球,告诉她其实答应普鲁士军官的要求更是一种对祖国尊严的捍卫,逼她为了大家而牺牲自己。羊脂球为众人着想,最终痛苦地作了让步。可当第二天早上马车出发时,昨天还苦苦哀求她的那伙人,这时候却突然换了一副嘴脸。他们又抬起了高傲的头,用一种不屑甚至鄙夷的眼光看待羊脂球。羊脂球被这些虚伪小人的轻视淹没了。当初,他们牺牲她,而他们达到目的后就"把她当作一件肮脏的废物似的扔掉"了。当那些"高贵"的人大快朵颐着美味佳肴时,却无人问津还在忍饥挨饿的羊脂球,冷漠的人们早就忘了,几天前是谁慷慨地献出了自己的食物给他们充饥。

看完整个故事,人们总会忍不住为羊脂球抹一把辛酸泪。在羊脂球卑微的身上洋溢的却是高尚的民族自尊和爱国气节,这更加反衬了那些冷漠自私、看似高贵的资本主义上流人士肮脏丑陋的灵魂。莫泊桑就是这样以不露声色的写实笔触鉴定了上流社会的道德水准,从一个极其平常的角度提出并回答了一个重大的社会历史问题。他以"一叶尽观全树",用白描的手法,勾勒出一幅线条简练却寓意深刻的社会生活图景。整部小说看起来似乎是一个并不复杂的故事,实际上却是当时整个社会的缩影,怪不得连莫泊桑的严师作家福楼拜都称赞《羊脂球》是一篇难得的杰作!

在这个篇幅短小的故事里,莫泊桑的写作工笔实在精妙!他的谋篇布局相当巧妙,给人以滴水见海的艺术感受。小说全篇仅由一辆马车、十个旅客和两个空间(马车和多忒旅馆)组成,猜想如果拿这个故事当剧本,拍出的一定会是一部小成本的社会讽喻电影。再看小说的情节设置,也很有意思,从马车到旅馆再到马车,以饥饿情节开篇又以饥饿情节收尾,这种首尾照应的笔法读来有一种循环往复的独特韵味。

更令人赞好的,是莫泊桑逼真的肖像描写、精彩的神态勾勒。你看这个"矮矮的身材,满身各部分全是滚圆的……手指头儿丰满得在每一节小骨和另一节接合的地方抖簌出了一个圈,简直像一串串短短儿的香肠似的……"的姑娘不是羊脂球是谁?莫泊桑对鸟先生的外貌只用了一句话描述:"他身躯很矮,腆着气球样的大肚子,顶着一副夹在两撮灰白长髯中间的赭色脸儿。"瞧,一个暴发户的猥琐相跃然纸上!当羊脂球为大家能继续上路而委屈献身之后,对这些达官贵人来说,羊脂球已经没有任何利用价值了,所以他们"不约而同地掉转头去,好像没看见她一样"。高贵的伯爵挽起他的夫人,"对她避得远远的",老板的妻子傲慢地"瞪了她一眼","大家都离她远远的,如同她的裙子里带着什么传染病似的"。"大家都像是看不见她,认不得她。鸟夫人远远地用怒眼望着她,同时用低声向她丈夫说:'幸而我不同她坐在一条长凳上。'"詹姆斯称赞莫泊桑的描述"细致周详,而且亲切率真,锱铢不漏"。

莫泊桑匠心独运的细节安排也格外真实传神。在小说结尾处,不知从哪儿响起了《马赛曲》的口哨声,这声音伴着羊脂球的哭声,使众人开始感觉不安,"所有的脸儿都变得暗淡了。这首人民的军歌显然使得同车的人很不开心。他们都变成神经质的了,受到刺激了,并且如同猎犬听见了手摇风琴一般都像是快要狂吠了"。如此戏剧化的收尾,极有后现代电影的风格。这不仅丰富了人物形象塑造,而且还留给读者一个思想蕴含更广阔的遐想空间,着实耐人寻味。

莫泊桑不愧为"短篇小说之王",他的代表作《羊脂球》在很轻松的语言环境下呈现出了各个阶级的生活和精神面貌,嬉笑怒骂皆成文章,各种讽刺挖苦和称赞夸奖全都渗透在字里行间,我们只要拿起小说读上一读,他想表达的一切也就呼之而出了。莫泊桑塑造了出身卑微却有着高贵灵魂的羊脂球,同时也描绘出一个个虽身份高贵但却藏着卑劣灵魂的贵族群像,他用笔点亮在这黑暗世界中一盏微小却耀眼的明灯。

寓入骨的讽刺于诙谐的幽默
——《变色龙》

常言道,狗咬人不是新闻,人咬狗才是新闻。不过,经过短篇小说大师契诃夫的妙笔一点,"狗咬人"这种算不上新闻的事情也能成为一篇节奏明快、寓意深刻的讽喻小说。《变色龙》就起因于一次"狗咬人"的事件。

小说中的"变色龙"其实是一位名叫奥楚蔑洛夫的俄国警官。这天,当他和随从穿过集市广场时,忽然听到有人在尖叫,原来金银匠赫留金被一只小狗咬了手指。起初,督警奥楚蔑洛夫摆出一副公正严厉的姿态:"好的……是谁家的狗?我不会袖手不管。"他大声斥骂养狗的人,并要把狗处死。人群中突然有人说,这好像是席加洛夫将军家的狗,这下奥楚蔑洛夫的态度立刻转变:"莫非它够得着你的手指头?它一点点大,你却是个彪形大汉!"并警告赫留金不要耍花样,还说法律面前人人平等。后来,他的随从说这好像不是将军家的狗,他又开始"复色",说:"这样的小贱种,怎么会是将军养的",并告诉大家说是该对它进行惩罚的时候了。话音刚落,又有人说好像在将军家确实看到过这条狗,"变色龙"又一次改口道:"赫留金你这个笨蛋,都是你自己惹的祸!"奥楚蔑洛夫就这样一变再变,当最后从将军家厨师口中确认这确实是将军家的狗时,他马上大声赞扬小狗"怪灵巧的","一张嘴就咬了这家伙的小指头"。奥楚蔑洛夫就是如此变来变去地"处理"完这场"狗咬人"的风波,末了,他还对赫留金说:"我还会来收拾你的!"

这个风格独特、言简意赅的小短篇是俄国小说家契诃夫早期的幽默滑稽小说。《变色龙》发表于1884年,作品发表前,正是俄国民意党人刺杀亚历山大二世之后。亚历山大三世一上台,在竭力强化警察统治的同时,也搞了一些掩人耳目的法令,给残暴的专制主义蒙上一层面纱。原来的治安最高委员会头目洛雷斯·麦里可夫后来当上了内务大臣,这是一个典型的两面派,人民称他为"狼嘴狐尾"。那个时期的警察不再随意用拳头揍人,而是打着遵守法令的官腔,干着献媚邀功的勾当。契诃夫以现实为蓝本,用精湛的艺术手法,塑造了一个专横跋扈、欺下媚上、见风使舵的沙皇专制制度走狗的典型形象,警官奥楚蔑洛夫正是沙皇专制警察统治的化身。因此,小说《变色龙》讽刺、揭露的不仅仅是一个孤立的色厉内荏的小警察,而是直指整个崇拜官爵、阿谀奉承的俄国社会,以及穷凶极恶的沙皇专制主义。

安东·巴甫洛维奇·契诃夫(1860—1904)是19世纪俄国批判现实主义作家、著名小说家和戏剧家,他以写短篇小说著称,与法国的莫泊桑、美国的欧·亨利并称为世界文学中的"短篇小说之王"。代表作有小说《变色龙》、《套中人》、《胖子和瘦子》、《小职员之死》、《凡卡》、《跳来跳去的女人》、《第六病室》、《草原》,剧本《樱桃园》等。作家契诃夫擅长截取平凡的日常生活的片段,凭借精巧的艺术细节,对生活和人物作真实的描绘和巧妙的刻画,以此展现出沙皇时

契诃夫像

代的社会景观。在《变色龙》中,契诃夫就选取了警察奥楚蔑洛夫处理"狗咬人"案件的片段。作者让这个警察在短短的几分钟内,经历了五次"变脸",使其对狗的称呼及态度变了整整六次;再加上对奥楚蔑洛夫军大衣穿而又脱,脱而又穿的四次细节描绘,生动地刻画出一个狐假虎威、欺下媚上的沙皇走卒的形象,深刻地揭示出他的丑恶心灵。契诃夫

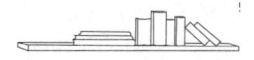

还是善用对比的讽刺高手。在小说里，警官和小猎狗分别扮演"狗咬人"案件的主审和被告，它们共同表演了一场滑稽闹剧。高尔基曾这样评价契诃夫："这是一个独特的巨大天才，是那些在文学史上和在社会情绪中构成时代的作家中的一个。"

契诃夫就是有这样的本领，善于用不多的文字表现深刻的主题，他只需用寥寥几笔，就能以幽默诙谐、讽刺尖锐的笔触勾勒出形象生动的人物，并在其中寄寓着发人深思的主题。在契诃夫看来，"天才的姊妹是简练"，"写作的本领就是把写得差的地方删去的本领"，他提倡"客观地"叙述，认为"越是客观给人的印象就越深"，他信任读者的想象力和理解力，主张让读者自己从形象体系中琢磨作品的含义。因此，在契诃夫的作品中，没有风花雪月的景物描写，也没有曲折离奇的故事安排，却能令读者会心一笑、灵魂一震，读得眼前明亮、心里活络。列夫·托尔斯泰盛赞契诃夫是"无与伦比的艺术家"，而且还说："我撇开一切虚伪的客套肯定地说，从技巧上讲，他，契诃夫，远比我更为高明！"

读契诃夫的文字，你能体会到他骨子里渗透着的绝望。身处帝制末期的沙俄，契诃夫敏锐感觉到了秩序崩塌前的骚动。面对令人心灰意冷的时局，契诃夫狠下心来，一把撕掉帝制政权虚假的金玉外衣，让人们在"含泪的笑"中看到丑陋残酷的真实。他不挽留，不建设，甚至不去哀悼，只愿做一个"绝望的歌唱家"。契诃夫蕴藉在夸张幽默中的那种绝望，是一种主动深刻的对时代、对世界的猛烈回击！

简言之，《变色龙》是一个短小精悍、笔调幽默、语言明快、寓意深刻的滑稽故事，它是契诃夫的许多短篇小说中脍炙人口的一篇，"寓入骨的讽刺于诙谐的幽默"在这部小说中得到了最极致的体现。这篇小说发表之后，大家想要形容见风使舵、善于变相、投机钻营的人，就又多了一个生动形象的代名词——"变色龙"。

一部为所有人又不为任何人所写的书

——《查拉图斯特拉如是说》

谁说哲学书都枯燥艰涩？《查拉图斯特拉如是说》就写得明晰！一旦你翻开它，你根本就无法抗拒尼采天才的思想和疯癫的魅力，此书就像是一位苦行者真诚而热烈的高亢宣言，他用身心将自己看到的真实大声喊了出来，让你感觉作者一定是在狂醉或舞蹈的状态中领悟到的人性真理，那些睿智的哲思渗透在诗人的激情和活力中，一齐喷薄而出！

尼采（1844—1900）是德国著名的哲学家、诗人，是西方19世纪末最伟大的先哲之一。天才大多生性孤独，尼采也不例外，但没有人能遮盖住金子的光芒，尼采天才的禀赋使他在人群中卓尔不群，他一度成为巴塞尔学术界的精英和当地上流社会的宠儿。像那时候的很多知识名流一样，尼采把一生的爱都献给了传奇女子莎乐美，在向她两次求婚却两次遭拒后，尼采彻底心灰意冷了，之后他便投身于哲学的世界，找寻一份精神慰藉，《查拉图斯特拉如是说》就是这一时期的作品。

尼采曾说："在我的著作中，《查拉图斯特拉如是说》占有一个特殊的地位。我以这部著作给人类以空前伟大的赠礼，这本书的声音将响彻千古。它不仅是世界上最高迈的书，是山顶雄风最真实的书——整个现象以及人类都远在它下面——而且也是最深邃的书。它从最丰富的真理中产生，是一个永不枯竭的源泉，满载宝藏，放下汲桶唾手可行。"《查拉图斯特拉如是说》确实是尼采一生中最成熟的作品，也是最为复杂、争议最多、最难懂的一部作品。书中的查拉图斯特拉是一个聪明睿智、

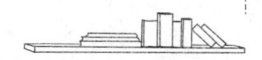

善于洞察一切的人，他敢于面对那些最可怕、最可疑的事物，期待着像太阳一样给人间带来光明。尼采借查拉斯图拉修行多年后下降人世传经布道的传奇故事，以激越高昂的声音呐喊着"上帝已死！"，用诗歌的语言阐述自己的哲学思想，他敢于在风雨飘摇的世界中游荡，在沉思冥想中悟出人生痛苦、欢乐和希望的深邃真谛。

其实，查拉图斯特拉就是尼采的化身，他寄托着尼采天才的思想。在书中，查拉图斯特拉下山了，他向世人布道："上帝已经死了！"这是一句惊世骇俗的口号，尼采正是这样打破了旧有的价值体系，教给人们"超人"的道理，"就像一棵树，越是往高处走，他的根就越是坚固地深入地下、黑暗与邪恶。这棵树等待着第一道闪电，那闪电就是超人"。尼采借查拉斯图拉之口说："人类是一根系在兽与超人之间的软索——一根悬在深谷上的软索。"在他看来，人只是达到超人的桥梁，"目标并不是'人类'，而是超人！"这里的"超人"可不是身着红披风、内裤外穿的那个在天上飞来飞去拯救人类的美国英雄，而是象征着尼采心目中的一种理想境界，表达了一个天才的痛苦和绝望，尼采总说："我的时代还没有到来，有的人死后方生。"

查拉图斯特拉在降落的途中一直在寻找真正能接受"超人"的人，却屡遭失败，但他从没有放弃，直至两鬓染上了白霜，他开始了最后一次寻找。这一次他碰到了国王、魔术师和乞丐，他们每一个人都代表一种旧道德的悲惨哭号，可惜都不是他要找的人，查拉图斯特拉的最终目标是"超人"，是欢笑的狮子。终于有一天，查拉斯图拉看见一个黄色的动物，他顿时泪流满面，激动地叫道："我的狮子来了！我的孩子近了！查拉图斯特

尼采像

拉成熟了,我的时候到了!"然后他离开了洞穴,故事中的查拉图斯特拉最终充满着光辉,变得坚强无比。而在现实生活中,尼采却在1889年的都灵街头抱住一匹被鞭打的驽马的脖子痛哭,最终失去了理智。他最后被送进了巴塞尔的一间精神病院。

尼采用"超人"理论来宣布他对世界新奇大胆的预测和断言,一句"上帝已死!"则强力批判西方传统的基督教文化,主张建立全新的思想文化体系,这种预测和断言在当时是振聋发聩、惊天动地的,更是令人费解、无法接受的,甚至吓坏了很多人。尼采自己也说:"不会有人读我的书,现在不会,以后也不会。"在《查拉图斯特拉如是说》中,尼采并没有建立一个封闭而庞大的哲学体系,他只是用讲故事的形式,抛出一些格言警句,他似乎并不想证明什么,只是向人类发出预告和警示,他也不用逻辑推理而仅仅是发挥了神奇的想象力。他创立了新的哲学、新的思想,甚至是新的宗教,尼采就这样征服了全世界!《查拉图斯特拉如是说》几乎容纳了尼采的全部思想。

尼采说:"当我看到《查拉图斯特拉如是说》的时候,我战栗起来,口不能语,来回踱着步子。"这一点也不假,读这本书的期间你可能都不愿讲话,因为你会明显感觉自己的大脑不够用,也许是被书里面的内容震惊,又或许是尼采格言警句式的话语正颠覆着你的世界观,这些闻所未闻的思想在你的头脑里肆无忌惮地为所欲为。据说,在第一次世界大战期间,开赴前线的德国士兵的背包中有两本书是最常见的,一本是《圣经》,另一本是尼采的《查拉图斯特拉如是说》。任何一个拿起此书的人,都无不为尼采的才气横溢和豪气冲天所着迷,他字里行间夹杂的夸张的和神经质的自我陶醉更是有一种迷人的吸引力,那是天才的浪漫,那是疯子的呓语!

当然,特立独行的疯子总是会引发争议,标新立异的思想也容易引起误读。美国尼采研究专家贝恩·迈哥琉斯就说:"在对一位哲学家自认为是主要的概念的理解上,存在着如此之多的混乱,这在哲学史上几乎是独一无二的。"然而,被误读的尴尬状况并不能磨灭尼采对世界的

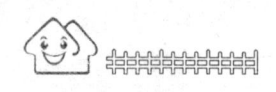

影响,回望两次世界大战之后的岁月,那时的人们对文明渐渐失去了信心,包括海明威在内的迷惘一代都不由自主地走上了尼采怀疑文明、怀疑理性的道路。在后来的后现代思潮中,青年习惯抵制一切准则,迷幻摇滚和嬉皮士横行一时,也许正是几十年前尼采关于理性和信仰的批判,为其提供了思想源头。

《查拉图斯特拉如是说》是尼采一生非凡哲思的珍贵结晶,是他对人性、人生的理性思考和疯狂探索的智慧锦囊。尼采是狂妄的,他高呼"上帝已死!"大刀阔斧地清空了社会准则和价值观念;尼采是偏执的,他不相信一切准则和信仰,在寻找"超人"的路途中,他艰苦孤独地上下求索,常常沉沦于迷惘中不能自拔。但谁都无法否认,尼采的思想是现代思想的一座巍然耸立的里程碑。

揭开人类心灵的奥秘
——《梦的解析》

《梦的解析》是奥地利著名的心理学家、精神病医师西格蒙德·弗洛伊德(1856—1939)的一本著作。弗洛伊德对人类学、宗教、心理学和文学著作进行了五六年的研究,又连续两年对自己所做的梦进行分析,1900年,这位精神分析学派的一代宗师终于出版了《梦的解析》,这本被誉为改变人类历史的书,是精神分析的第一名著,它的问世成为精神分析理论体系形成的一个重要标志。

《梦的解析》以几百个梦为例,试图冲破梦的迷雾,发掘潜意识的奥秘,被作者本人描述为"理解潜意识心理过程的捷径"。在该书第一章的开头,弗洛伊德这样描绘他的作品:"在下面的文字中,我将会证明有一项心理学技术,使解释梦成为可能,由于这项技术的应用,每个梦都显示一种心理结构,充满了意义,并且与清醒状态时精神活动的特定部位有所联系。然后,我将尽力阐明梦所隐藏的奇异与暧昧,并由此推断这些冲突或吻合的精神力量,正是形成我们的梦的原因。"

然后,弗洛伊德分七个章节,向人们分析解释"梦":第一章"1900年以前",这个章节标题就告诉人们,这是论文的"文献综述"部分,重点介绍了关于梦的研究的文献资料,详细叙述了前人和当代人对梦的有关理论;第二章"梦的解析方法",作者以一个具体的梦为例,介绍了释梦的方法、步骤和注意要点等;第三章"梦是愿望的达成",告诉人们梦是因愿望而起的,在一定程度上做梦可以满足你的本能和欲望,缓和冲动,保护睡眠;第四章"梦的改装",从这里你知道,无论是美梦还是噩梦,它们殊途同归,都是你欲望的达成;第五章"梦的材料与来源",详细阐述了人类产生梦境的四个来源;第六章"梦的运作",这是一个"梦的隐念"变作"梦的显意"的过程;最后一章是"梦程序的心理",如果你疑惑为什么自己常常想不起刚刚做过的梦,那么读完这一章你明白了,梦的本身很可能被我们的记忆割裂了,而且梦的遗忘很可能是由于抗拒。

在这部著作中,"精神领域的达尔文"弗洛伊德独具创意地告诉世人,梦是人类复杂的精神活动的一个特殊表现,是可以用科学的方法进行分析、解释和研究的。他通过对大量梦境的实例分析和科学探索,一举打破了几千年来人们对梦的无知、迷信和神秘感,同时开启了左右人们思想和行为的潜意

弗洛伊德像

识大门,在学术上开创了许多改变旧有心理学定论的结论。比如,你想知道我们的梦境与什么有关吗?弗洛伊德为你总结归纳出三类因素:一是睡眠时躯体感受的刺激,譬如太热时会梦到火炉,膀胱胀满时会在梦里找厕所而找不到等等;二是日间活动残迹的作用,这就是我们常说的"日有所思,夜有所梦";第三就是潜意识内容的反映,所以我们看到精神分析医生常常催眠病人来为其治病,其实就是利用这个原理来寻找病人潜意识里的致病情结。

不过,如此超前的思想在当时并没有立即被人们所接纳。《梦的解析》出版之初的销量极低,苦熬多年才卖出 600 册。冰封十年之后,后知后觉的人们才恍然大悟,大加赞誉。随后,此书获得学术界的普遍重视,一版再版,先后被译成英、俄、法、中、日等几十种文字,名扬海外,震惊全球。人们认为,《梦的解析》是弗洛伊德"最伟大的著作,大大推进了精神分析"。《梦的解析》的问世,不仅在心理学界"一石激起千层浪",而且也对医学、文学、艺术、美学、历史学、哲学、法律、宗教、人类学、教育

学、社会学等诸多学科领域产生了广泛而深远的影响。在当代,弗洛伊德的思想是电影导演热衷的故事理论背景,如果你读过《梦的解析》,就能看懂那些看似晦涩的"头脑风暴"电影,甚至会猜想电影《穆赫兰道》是不是可以再复杂一些,或是怀疑《盗梦空间》实施的可能性究竟有几成。

"Insight such as this falls to one's lot but once in a lifetime"(这样的顿悟一生只可能幸运地获得一次),弗洛伊德自己如此评价《梦的解析》。无论是面对歇斯底里的批评,还是迎来崇高至上的赞誉,弗洛伊德始终都是那个敢于探索人性最黑暗最原始世界的勇士。茨威格就曾说过:"西格蒙德·弗洛伊德使人类对自己了解得更清楚——一项个人的庄严之举,我是说更清楚,而不是更幸福。他使整个一代人的世界观更深刻,我是说更深刻,而不是更美丽。"

《梦的解析》是一本世界级经久不衰的科学著作,是现代科学对梦的分析的最具原创性、最著名也是最重要的一部理论经典。犹太人弗洛伊德对梦的解释,就好像是大侦探在侦破谜案,他善于发现一切细节,不放过任何蛛丝马迹,并赋予其以合理的逻辑,将之串联起来、环环相扣,最终推理出梦境形成的过程,以科学之手指认致梦的"元凶",引入"本我"、"自我"、"超我"的概念,揭开人类心灵的奥秘,开启了人类新的智慧。

社会主义文学的奠基之作
——《母亲》

他的"童年"苦涩悲惨,"在人间",他尝遍了底层生活的艰辛苦难;他在"我的大学"中学习新知识,吸收新思想,逐渐长成一个思想激进的有志青年。后来,他用"海燕之歌"唱响无产阶级革命斗争的宏伟乐章;他歌颂无产阶级"母亲"的崇高与伟大,塑造出光辉伟岸的无产阶级英雄形象,正是他用一杆抗争之笔,给予备受压迫的广大人民群众以无产阶级的革命力量,鼓舞人们去迎接伟大的战斗!他就是社会主义现实主义文学的奠基人、被列宁称赞为"无产阶级艺术最杰出的代表"的卓越文学巨匠高尔基。

玛克西姆·高尔基(1868—1936)其实是这位苏联无产阶级作家的笔名,他原名叫阿列克谢·马克西莫维奇·彼什科夫。在俄语里,"玛克西姆"的意思是"最大的","高尔基"的意思是"痛苦",这个笔名合起来便是"最大的痛苦"之意。高尔基出身贫苦,幼年丧父,迫于生计,他11岁时就在社会上摸爬滚打,曾当过装卸工、面包房工人等。贫民窟和码头成了他"社会大学"的最好课堂,在那里,他与劳动人民同呼吸共命运,亲身感受资本主义残酷的剥削与压迫,恰是这些苦难的经历深刻地影响了高

高尔基像

尔基日后的文学创作。

虽然身处苦难逆境,但是高尔基从未放弃过学习,他克服困难,刻苦学习,掌握了欧洲古典文学、哲学和自然科学等方面的知识,并积极投身革命活动,努力探求改造现实生活的出路。在24岁那年,高尔基发表了他的第一部作品。那是刊登在《高加索日报》上的短篇小说《马卡尔·楚德拉》。小说反映了吉卜赛人的生活,情节生动,人物鲜明,报纸的编辑对此稿十分满意,于是通知作者到报馆来。当他见到高尔基时大为吃惊,他怎么都没想到,写出这篇精彩文章的人竟是个衣衫褴褛的流浪汉。也是从这篇稿子起,这个过早地历尽人间疾苦的"流浪汉"就以"最大的痛苦"作为笔名,创作出《海燕之歌》、《童年》、《在人间》、《我的大学》等诸多伟大的作品。一个为无产阶级歌唱的声响振聋发聩,响彻世界!

《母亲》是这曲无产阶级赞歌中具有里程碑意义的一个重要代表。高尔基于1906年写成的这部长篇小说,标志着他的创作达到新的高峰。《母亲》深刻地反映了20世纪初无产阶级政党领导下波澜壮阔的群众革命斗争:工人运动从自发到自觉,从经济斗争转到政治罢工,农民和工人在斗争中结成同盟。在高尔基之前,已经有不少作家在作品中反映过工人们的艰辛生活,但是他却创造性地在《母亲》中首次运用了社会主义现实主义的手法,即从现实的革命发展中,真实地、历史地、具体地区描写广阔的现实,因此,《母亲》成为首部以此方法创作的文学巨著,具有划时代的意义,从此开辟了无产阶级文学的新纪元!正如列宁所言:"毫无疑问,高尔基是一位宏伟的艺术天才,他带给了并且还将带给全世界无产者以很多的贡献。"

《母亲》在内容上可分为两个部分,第一部分重点写巴维尔率领的马克思主义工人小组成长的过程;第二部分则记述了马克思主义小组在群众中的作用和人民群众的觉醒。为了更好地推进小说情节、表现故事主题思想,高尔基精心设计了三组人物:一组是以巴维尔为代表的革命者,包括革命工人和革命知识分子;另一组是工农群众,其中最重要的代表就是巴维尔的母亲和农民雷宾；最后一组就是以厂主、沙皇宪兵、法庭庭长和检察官构成的敌人阵营。在这众多的人物中，高尔基将更多的笔墨倾注在巴维尔和他的母亲身上，塑造了一个代表先进工人的革命英雄巴维尔和代表革命群众的巴维尔母亲。循着高尔基的笔触，读者可以清晰地看到，在无产阶级革命思想和斗争实践的影响下，广大人民群众的思想觉悟在逐渐觉醒、成熟、提高，以此赞扬无产阶级顽强伟大的革命意志，鼓舞了人们坚定高亢的革命信心。

《母亲》是一部卓尔不凡的不朽经典。整个故事从阴森森的工厂生活画面开始，展现了沙俄时代工人阶级惨遭剥削的环境背景。年轻的巴维尔本来可能走上父亲的老路，但是他生活在工人运动最蓬勃发展的时代，这给了他新的希望。在革命知识分子的帮助下，他迅速投身于工人解放事业的光明大道上。意志坚强，头脑冷静的巴维尔不但赢得了工人小组成员的爱戴，而且使广大工人群众都对他满怀敬慕。为了把工人运动从自发的经济斗争提高到自觉的政治抗争，五一游行时，巴维尔高举红旗开路，群众"像铁屑被磁石吸住了一样"聚集在他的周围。巴维尔因此被捕，英勇不屈的他又将法庭当作战场，以慷慨激昂的演说将小说推向了高潮。

故事的另一条线索是巴维尔的母亲尼洛夫娜。当儿子踏上革命之路后，她看到了巴维尔顽强不屈的斗争，为此深受震动。同时，她也在儿子及其同志们的启发下，逐渐接受了革命真理。在经历了一系列事情之后，她的母爱渐渐提升，不断发展，她的思想也逐渐达到新的境界，她坚信自己的儿子巴维尔紧握真理，革命胜利在望。正因秉持着如此信念，尼洛夫娜才能在散发印有儿子演说稿的传单时显得那般镇静而勇敢。她冒着生命危险把传单发散给人群，在被捕时，她庄严宣称："真理是用血的海洋也扑不灭的。"一个光辉伟大、崇高勇敢的母亲形象跃然纸上。

伏罗希洛夫曾说《母亲》"堪称工人阶级的传记，它培养了一代又一代的俄国无产者"。一个伟大的作家懂得如何走进读者的心底里去打动他们,那不是一种主观意识的强加,而是能让人在阅读的过程中就不知不觉地被吸引过去,然后整个思绪可以随着作者的行文慢慢沉下去。高尔基就是这样一位"武艺精深"的文学大师,作为社会主义现实主义文学的开山鼻祖,他最擅长在平凡中书写伟大。他运用独具创意的社会主义现实主义创作手法,适时地添加革命浪漫主义的笔调,洞悉新的革命现实,挖掘当时的时代本质,对之做出真实的描绘和深刻的概括,最终成就一部划时代的长篇巨著《母亲》,由此开辟了无产阶级文学的一片新天地,更是为无产阶级革命斗争注入了新力量!

一份"奉献给神的祭品"
——《吉檀迦利》

"吉檀迦利",这四个字读来并不顺口,却萦绕着层层迷雾般的神秘气息。它其实是孟加拉文的音译,"吉檀"是"歌"、"歌曲"的意思,"迦利"则是"双手合十",代表敬仰之意,所以"吉檀迦利"的字面意思就是"献给神的诗"。如果你对这首诗感到陌生,没有关系,因为你一定还听说过另一个与浪漫和爱情密不可分的名字——泰戈尔,而《吉檀迦利》就出自他的笔下。

罗宾德拉纳特·泰戈尔(1861—1941)是一位印度诗人、哲学家和印度民族主义者,他出生于印度加尔各答一个富有哲学和文学艺术氛围的家庭,他的父亲是一位地方的印度教宗教领袖。泰戈尔一生创作了12部中长篇小说,100多篇短篇小说,20多部剧本及大量文学、哲学、政治论著,还留下了1500多幅画作,谱写过许多歌曲,当然他还是以诗歌创作最为著名。这个多栖发展的"文艺天王"平时作画、谱曲、写诗、撰文……几乎精通文、史、哲、艺、政、经各个领域,称得上是一个忧国忧民的文艺通才大师!

《吉檀迦利》是泰戈尔中期诗歌创作的高峰,它最能代表这位文艺大师的思想观念和艺术风格,也是让泰翁真正名扬四海的一部英文散文诗集。1913年,因这部宗教抒情诗表现了最优秀的"理想主义倾向",且技巧完美,"含义深远,清新而美丽",印度诗人泰戈尔成为亚洲第一位诺贝尔文学奖获得者。

其实,《吉檀迦利》原本是泰戈尔用孟加拉文写成的一部格律体诗集。1912年春夏之间，泰翁正心满意足地读着自己的诗，在朋友叶芝的"怂恿"和鼓励下，他一时间"有那么一点点动心"，想要把他的诗译成英文。随后，泰翁从自己的孟加拉文诗作《吉檀迦利》、《渡口集》、《奉献集》和《儿童集》中选译了部分诗歌，集结成册，最终出版了一套英文版的诗歌精选集。不过，在选译时，泰翁并非直接"复制粘贴"，而是对原有的诗歌进行了再创造——他时而有所节略，时而有所阐释，甚至有时将二三首诗合为一首，这才有了我们读到的由英文写就的自由诗集——《吉檀迦利》，泰戈尔本人也因此获得了世界性的赞誉。

《吉檀迦利》以颂神、敬仰神、渴望与神结合为主题，表达出对神的虔诚敬畏，是泰戈尔哲学观的艺术体现。"只要我一息尚存，我就称你为我的一切。""我准知道莲花的百瓣不会永远团合，深藏的花蜜定将显露。""只要把我和你的旨意锁在一起的脚镣，还留着一段，你的旨意就在我的生命中实现——这脚镣就是你的爱。"诗歌在内容上描绘了印度悠久的文化艺术、雄伟山川和美好风光，表达出不畏专横暴虐一心向往光明自由的决心，同时也赞颂了真挚的爱情、纯真的童心和伟大的母爱，概括出生活的哲理。可以说，《吉檀迦利》的主题思想在于表达诗人对渴望与神结合的理想境界的追求以及达到这种境界的快乐。

泰戈尔像

泰戈尔的诗歌创作一方面深深地根植于民族艺术的土壤之中，譬如《吉檀迦利》所表现出的泛神论思想，就与印度古代典籍《奥义书》息息相通；另一方面，英国留学的经历也使泰戈尔吸收到英美诗歌的灵感和西方文化的精粹，他试图通过文学创作"调和人类文明两极化"。这种东西合璧的艺术风格集中体现在《吉檀迦利》当中：哲理性和情感性和谐交融，写景清晰如画、风格质朴，带有散文诗的优美韵律，同时又充满了朦胧静谧的神秘色彩。

泰戈尔一生写下50多部诗集,在世界近代文学史上具有里程碑的意义。在印度,人人都爱泰戈尔。泰戈尔无边的思想和博大的同情心使他不吝惜笔墨地描写印度人民不屈不挠的反抗斗争,他将这些优秀的民族品质转换成文字,在他的笔下源源流淌。他的作品充满爱国主义和民族主义精神,刮起一阵阵"最炫民族风"。他本人更是被许多印度教徒看作圣人,甚至连印度和孟加拉国的国歌使用的都是泰戈尔的诗。在中国,自从他的《飞鸟集》出版之后,中国诗坛上一种表现随感、带有哲理的短诗就流行了起来。这种晶莹清丽的"小诗体"颇受人们喜爱,几乎影响了一代诗人,如冰心《繁星》、《春水》就是在《飞鸟集》的启发下创作的。

《吉檀迦利》好比是一组起伏跌宕、有主体旋律又有变奏的多乐章组成的交响乐,用古老民族的原生态乐器配乐,便能演奏出带着点沙哑、朴实的音律。

向上吧！ 音乐少年

——《约翰·克利斯朵夫》

这是一个励志故事,却又与《老人与海》或是《钢铁是怎样炼成的》不同,它更像是英雄圣哲的一则历险记。这是一部小说,却又不只是一部小说,它仿佛一阕贝多芬式的大交响乐,那些宏伟美妙的音符构成了这部气势磅礴的史诗乐章！这里有年轻的骚动,也有挣扎的苦闷,有狂野的力量,也有彷徨的灵魂。对于那些苦难的心灵,这本书带来了一道光明,它告诉人们"你不是一个人在战斗",这是一本献给全世界正在战斗的人们的精神宝典！

《约翰·克利斯朵夫》是法国作家罗曼·罗兰(1866—1944)笔下的一个德国音乐家的生命成长故事,小说描写了主人公约翰·克利斯朵夫从儿时音乐才能的觉醒,到青年时代对权贵的蔑视和反抗,再到成年后在事业上的追求和成功,最终年迈之际达到精神宁静的传奇一生。罗曼·罗兰是20世纪前期法国最重要的现实主义作家,被称为"两个世纪的文化的一座桥梁",他一生追求真理,信奉启蒙思想,雨果和莎士比亚都是他的偶像。作为当时法国的"乐评人",他曾因撰写《贝多芬传》而小有名气,后来这位乐评人一发不可收拾,成了书写古今名人传记的达人,先后发表《米开朗琪罗传》、《托尔斯泰传》、《甘地传》等名人传记。在经过10年构思加10年命笔的创作生涯后,1912年,罗曼·罗兰终于完成了他一生中最重要的"传记"作品——120万字、整整10卷的鸿篇巨制《约翰·克利斯朵夫》。4年后,罗曼·罗兰因"他的文学作品中的高尚理想和他在描绘各种不同类型人物时所具有的同情和对真理的热爱"而获得当年的诺贝尔文学奖。

"濛濛晓雾初开,皓皓旭日方升……江声浩荡,自屋后上升",罗曼·罗兰用这样一个大气磅礴的开场,以极富音乐韵味的笔触开始讲述约翰·克利斯朵夫从音乐少年到音乐大师的一生。罗曼·罗兰把整个19世纪末期的思想史、社会史、政治史、民族史、艺术史等都拿来作为《约翰·克利斯朵夫》的背景,以主角为主要线索,配角处处呼应主线,烘托主角,因此整部作品就像一条由许多支流汇集而成的大河,奔腾浩荡。由此,罗曼·罗兰就开创出一个新的艺术体裁——"长河小说",作家将笔下的事物均以河流作为比喻,借此巧妙地展现出这些事物的流动与壮阔,凸显出作品灵动的生机和雄浑的气势,譬如莱茵河这条横贯欧洲的巨流不仅与主人公克利斯朵夫一生的经历相随,而且还是全书超越个人、映射时代的象征。爱情、友谊、亲情,都仿佛一条条涓涓流淌的小溪滋润着那条狂野骚动的河流,使它在与命运的抗争中得到丝丝安慰,好似温柔的插曲伴随着恢弘的主旋律一般。

莱茵河是一条神奇而伟大的音乐之河,它孕育了欧洲最伟大的音乐。那些美妙的音符流淌在每一个热爱音乐的灵魂中,它润泽过罗曼·罗兰,又通过他歌咏般的文字滋润了我们的心。罗曼·罗兰多次谈到这部小说具有音乐性:"我的思想表达到人物身上,他们的互相吸引和冲突组成了一曲交响曲。在心灵的天地中有着节奏和旋律,这就是我的思想致力于达到的图景。"正因如此,《约翰·克利斯朵夫》成为一部独具特色的"音乐小说",这不仅是因为小说写的是音乐家的故事,还因为整部小说处处都流淌着动人的旋律,到处都跳跃着奇妙的音符。主人公克利斯朵夫的喜怒哀乐、悲欢离合都被巧妙地编织进交响乐般的音律之中,音乐和小说水乳交融,浑然一体。更为奇妙的是,从小说结构上看,《约翰·克利斯朵夫》的各卷犹如交响乐的几个乐章,有序曲、发展,也有高潮和结尾,时而气势恢宏,时而细腻温柔,罗曼·罗兰的笔端犹如一根指挥棒,吸引着人们跟随他挥舞的弧线,畅游在欧洲古典音乐的殿堂,感受管音琴声的艺术氛围,享受音乐对灵魂的抚慰。

罗曼·罗兰在小说序言里的一句话,点明了他写作的思想核心:"真正的英雄之所以伟大,是由于他具有伟大的心。"约翰·克利斯朵夫的一生经历反抗、失败、动摇、斗争,这样的生活经历包含着深刻的社会内涵。

　　在完成这部120万字的大作后,罗曼·罗兰意犹未尽,又写下了小说的"番外篇"——《别了约翰·克利斯朵夫》:"我写完了即将消逝的一个时代的悲剧。我不想隐瞒他们的是非功过、沉重的悲哀、朦胧的骄傲、英勇的奋斗,为背负着超人的使命而痛苦;这是一个时代的总结,一种精神,一种美学,一种信仰,一个有待改造的新人类——这就是过去的我们。今天的人,年轻的人,轮到你们了!把我们的身体当作踏脚石,前进吧!你们要比我们更伟大,更幸福。我自己呢,我要向我过去的心灵告别;我要把它像个空壳一样丢掉。生命就是连续不断地死亡和复活。"

　　这位法兰西先哲用豪爽质朴的文笔书写出一部伟大的人类史诗,以海潮的篇章和恢宏的蕴涵谱写了一首咏唱时代风浪的交响乐,他以烈火般的生命力告诉你:"向上吧!少年",如果当你惨遭人生悲剧,精神将死之时,你见到了约翰·克利斯朵夫的面容,那就是你一生的幸运!

异化世界的孤独和陌生
——《变形记》

想象一下,清晨醒来,自己突然变成一只怪异丑陋的大甲虫,是怎样的画面? 现代主义文学的开山祖师弗兰兹·卡夫卡(1883—1924)就在《变形记》中讲述了这样一个人变成虫的荒诞故事。

《变形记》是卡夫卡1915年发表的一部中篇小说,它是卡氏艺术的最高成就,被认为是20世纪最伟大的小说作品之一。在故事的开头,作者没有交代任何原因,就描写出一幕祸从天降的场景:"一天早晨,格里高尔·萨姆沙从不安的睡梦中醒来,发现自己躺在床上变成了一只巨大的甲虫。"母亲被他的模样吓晕了过去,公司的同事也被吓得逃跑了。当格里高尔想追出去解释的时候,却被父亲一拳打进房间,锁上了房门。由于格里高尔原是家里的经济支柱,"支柱"变身成大甲虫,可想家庭的经济情况必然急转直下,即使父亲、母亲、妹妹都出去工作,也无法缓解家庭的经济压力,全家人越来越厌恶这只恶心的甲虫。妹妹觉得"如果它是格里高尔,它老早就会明白,人和这样一只动物是不可能共同生活的,它就会自动走掉;虽然我们会失去一位哥哥,但我们可以继续生活下去,并且会怀着敬意纪念他"。

格里高尔"匍匐在地板上的这间高大空旷的房间使他充满了一种不可言喻的恐惧",后来它还被父亲掷来的苹果砸中,身负重伤,一直不得痊愈。有一天,他为了聆听妹妹的小提琴声,便爬出了房间,在房客的惊悚和家人的愤怒中,他恐惧地感到"极度紧张的局势随时都会导致对他发起总攻击",他害怕极了,衰弱地躺在地上不敢动弹,默默等待着一场灾难的降临。最终,在一个"窗外的世界透进第一道阳光"的早晨,格里高尔的头无力地垂下,鼻孔里呼出了最后一丝气息,离开了这个冷漠的人间。

《变形记》构思奇特,象征意蕴丰富,主人公感到在"自己的家庭里,我比陌生人还要陌生",作者借此深刻地揭示和嘲讽了人与人之间赤裸裸的金钱利益关系,而这是一种普遍的人类生存状况。只有卡夫卡有这样的才能,用人变形成虫象征人类一切灾难和不幸的遭遇,深受尼采等哲学家影响的他对人的异化现象的展现深刻地震撼人心。小说中平铺直叙的"电报式"语言简洁冷漠,这是典型的"卡夫卡式叙述风格",避免感情色彩,显得质朴自然。在《变形记》中,你几乎看不到夺人眼球的强烈个性,所有人物湮没在一片丑陋和冷漠之中,作者以"慢镜头"展示着生活中一些琐碎的真实具体的细节。书中没有扣人心弦的故事,也没有跌宕起伏的情节,甚至显得繁冗拖沓,一切时间、地点、背景都被无限的模糊化。《变形记》最能说明卡夫卡的殊异风格,如梦似幻的超现实意境,交织着缜密逻辑的现实叙述,难怪有人评价卡夫卡的小说是"梦与真实的绝妙混合。既有对现代世界最清醒的审视,又有最疯狂的想象"。

生前孤寂、默默无闻的卡夫卡一定想不到,在他离世后不久,"卡夫卡式的……"竟成为一种流行的表达,它贴着荒诞、孤寂的标签,受到人们狂热的追捧。喜欢村上春树的人大概会知道卡夫卡,因为他有一本小说就叫《海边的卡夫卡》,受到卡夫卡影响的作家远有海德格尔,近有村上春树,前后一百多年,可见卡夫卡的影响之大。

要介绍卡夫卡很难,因为他是一个杂糅的矛盾纠结体:他生活在奥匈帝国行将崩溃的时代,却对政治事件抱冷漠旁观的态度;他是一位法律博士,也是一个业余小说家;他是一个没有信仰的犹太人,却热衷中国哲学,喜欢研究道家;他是奥地利人,用德文写作,却更钟爱自己的出生地捷克首都布拉格,因为那里是"被阳光照耀的绿草地",人们喜欢称他为"布拉格的灵魂",卡夫卡就是布拉格,布拉格就是卡夫卡;他有一个强壮暴躁、坚毅顽强却又自以为是的父亲,而他自己却更像母亲,敏感、怯懦、孤僻,父亲的强权带给神经质的卡夫卡巨大的压力,当他承受不了

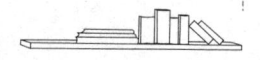

时,便把这些压力宣泄进小说里,让他那些虚构的朋友帮他一起分担,比如《变形记》中格里高尔的苦闷和挣扎便是他自传式的描述。

卡夫卡相貌英俊迷人,女人缘甚好,曾三次订婚,却又三次解除婚约,根本原因就是卡夫卡唯恐家庭生活毁掉了他的写作赖以存在的孤独。他说:"为了我的写作我需要孤独,不是'像一个隐居者',仅仅这样是不够的,而是像一个死人。写作在这个意义上是一种更酣的睡眠,即死亡,正如人们不会也不能够把死人从坟墓中拉出来一样,也不可能在夜里把我从写字台边拉开。"如此热爱写作的他,却在生命的最后一刻要求自己的好友将其手稿全部焚毁。"背叛"有时候不都是坏事,这位好友出于尊重和崇敬,违背了卡夫卡的遗愿将他的作品整理出版,如今我们才幸运地看到4部短篇小说集和3部长篇小说《审判》、《城堡》、《失踪者》。

有人奉卡夫卡为荒诞派文学的始祖,有人授他以现实主义作家的桂冠;有人批评他是虚无主义者,有人尊他为圣人先知;有人认为他的作品直指人类生存的基态,有人从他作品中探索出许多意义,但也有人提出可解与不可解的质疑。卡夫卡和他的作品都成了一道无人能解的无理方程式。也许没有人能准确定义卡夫卡,但无人会否认他是一位伟大的作家,后人将卡夫卡与法国作家马塞尔·普鲁斯特,爱尔兰作家詹姆斯·乔伊斯并称为西方现代主义文学的先驱和大师。

卡夫卡用明净爽快而想象奇诡的文笔,以荒诞的形象和象征直觉的手法,表现出被充满敌意的社会环境包围下的孤立绝望的个人。美国诗人奥登评价卡夫卡时说:"卡夫卡对我们至关重要,因为他的困境就是现代人的困境。"卡夫卡的作品既有脏兮兮的阴暗,也有明朗风趣的调皮,他喜欢在朋友面前朗读自己的作品,读到得意的段落时会忍俊不禁,自己大笑起来。"如果你读书是为了找乐赶时髦,卡夫卡的《变形记》绝对不适合你,不适合美丽加咖啡浪漫。书中荒诞的痛苦,会将你刚刚举起的酒杯轻易击碎。如果你不是一个盲目的乐观主义者,此书可谓精彩之极,可反复阅读,细细品味。"(德国作家希劳德语)

以美国南北战争为背景的经典作品
——《飘》

英俊优雅、清新俊逸的贵族绅士与玩世不恭、玉树临风的痴情"无赖",要选择哪一个?气质高贵、秀外慧中的大家闺秀与容色绝丽、灵气逼人的"野蛮"小姐,要钟情哪一位?试想一下,如此四人一旦被卷进战争的洪流中,性格迥异的他们各自将会经受怎样的命运跌宕?他们之间剪不断、理还乱的爱情又会在这硝烟弥漫的战争年代里何去何从?一部美利坚的长篇小说《飘》——展现这些风流才俊和绝代佳人,让我们一起见证战争的纷乱、爱情的纠缠与命运的诡谲,这绝对是一个百读不厌、不容错过的好故事!

《飘》讲述的是一个以美国南北战争为背景的爱情故事。1861年,为废奴展开的美国国内战争箭在弦上,但塔拉庄园的妙龄千金斯嘉丽却并不关心战争局势,在她的眼里,美丽与爱情才是至关重要的。斯嘉丽一直钟情于温文尔雅的绅士阿希礼,但他却要与玫兰妮结婚了,气急败坏的斯嘉丽在婚礼上大闹一番,遭到阿希礼的拒绝,并且在失态中偶遇军火投机商瑞特。后来,斯嘉丽赌气嫁给了情敌的弟弟查尔斯。不久,南北战争爆发,查尔斯病死在战场,斯嘉丽成了年轻的寡妇。斯嘉丽来到亚特兰大,她又与曾有过一面之缘的瑞特相遇了,瑞特狂热地追求斯嘉丽,却遭到她的拒绝。当斯嘉丽再回到塔拉庄园时,母亲已经去世,父亲精神失常,两个妹妹又身染重病,她毅然挑起了复兴塔拉的重担。

为此,斯嘉丽跑去亚特兰大筹措资金。为了达到目的,她竟然诱使妹妹的未婚夫弗兰克与她结婚。婚后斯嘉丽做起了木材生意。但不久弗兰克也不幸丧生,她又成了寡妇。几个月后,在瑞特的强烈追求下,斯嘉丽与他结了婚,并生下女儿邦妮。但此时的斯嘉丽仍然怀念着阿希礼,瑞特为此心生怀疑,两人的感情在小女儿邦妮坠马身亡后彻底破裂。与此同时,始终维护斯嘉丽的玫兰妮也不幸离世。这一刻,斯嘉丽才发觉原来玫兰妮一直是她真正的精神支柱,阿希礼只不过是她年轻时想象中的一个美丽幻象,而她心中真正爱着的人其实是瑞特,然而,这时的瑞特早已心灰意冷,伤心离去。斯嘉丽经历了种种变故后,坚强一如往昔,她决定守候在塔拉庄园,重新创造新的生活。

电影《乱世佳人》剧照

斯嘉丽很聪明,个性倔强,一怒之下会随手扔出一只花瓶,完全没有旧时贵族女性的淑女风范,倒是一个当今时代的"野蛮女友"形象,简直可爱极了。然而,斯嘉丽的迷人之处其实并不仅仅在于她小打小闹地耍小姐脾气,而更是在于她那倔强坚强、永不低头的顽强生命力。在小说中,一个娇贵的小姐在战火中驾着马车拉着生命垂危的产妇、幼小的婴儿一路逃奔;为了谋生,她用纤细美丽的双手采棉花、开木场,用罪犯做工人;她始终坚韧地生存着、努力着,什么都不能打倒她,什么也不能动摇她。美丽的斯嘉丽用那双如猫一般的绿色眼睛直视残酷的生命,即使是当一切都离斯嘉丽远去的时候,她依然会站在塔拉庄园的红土地上,平静地昂起她娇小的下巴,告诉自己:"毕竟明天又是新的一天。"

读这部被誉为"南方神话"的长篇小说,读者会屡屡惊叹于作者的才华。书中大到战争进程、政治变革、社会动荡,小到少女叛逆、男痴女怨、爱恨纠缠,作者都能以通俗优美、精确深刻的文笔予以展现,这透露出作者广博的知识和对历史、政治、心理、情感的深刻洞察力,而成功驾驭这个宏大而纷杂题材的人是一位女性作家,她就是玛格丽特·米切尔(1900—1949)。《飘》是这位美国女作家发表的唯一一部长篇巨著,却一鸣惊人,令她一夜爆红,成功跻身世界文坛。米切尔出生于美国佐治亚州亚特兰大市的一个律师家庭,在南北战争期间,亚特兰大曾于1864年落入北方军将领舒尔曼之手。她的父亲曾经是亚特兰大市的历史学会主席。自孩提时起,米切尔就时时听到父亲与他的朋友们,甚至居民之间谈论南北战争。当26岁的米切尔决定创作一部有关南北战争的小说时,亚特兰大自然就成了小说的背景地。

"一战"时,米切尔的哥哥和她未婚夫奔赴前线参战,没多久,她就尝到了痛失爱人的滋味,随后的一场流感又夺走了母亲的生命。坚强如郝思嘉的她毅然辍学回到家中,勇敢地挑起家庭的重担。后来,米切尔结识了酒贩子雷德·厄普肖,并且不顾家人的反对与他结了婚。厄普肖是个典型的白瑞德式的人物,可惜他独缺了瑞德的痴情,婚后不久便弃米切尔而去。此后,米切尔在她后来的丈夫约翰·马什的推荐下,成为《亚特兰大日报》的一名记者兼专栏作家。从1922到1926年期间,她共有129篇署名的和大量未署名的稿件见诸报端。这些稿件中有一组便是米切尔为过去南方邦联将领写的专题报道。1926年,由于腿部负伤,米切尔不得不辞去报社的工作。在丈夫的鼓励下,她专心致力于文学创作。

玛格丽特·米切尔后来对人说,《飘》的写作耗费了她近十年的时间。其实,小说大部分章节的初稿早在1929年就完成了。米切尔的写作方式别具一格,她首先完成的是小说的最后一章,然后再返回来写前面的章节,所以,她始终没有按事件发生的先后顺序写,而是想到哪里就写到哪里。在近十年的时间里,米切尔很少对她的朋友们提起她的书稿，虽然不少人都知道她在创作，但几乎无人知道她具体在写什么。1935年春，麦克米伦出版公司的编辑哈罗德·拉瑟姆在全国各地组稿，当他来到亚特兰大时，偶尔听说了玛格丽特写书的情况。起初，米切尔还固执地否认自己在写小说，因为她不相信南方人对南北战争的看法能让北方的出版商感兴趣。结果，就在拉瑟姆离开亚特兰大的前一天，米切尔才送去了近五英尺厚的手稿。同年7月，麦克米伦公司决定出版这部小说，并暂定名为《明天是新的一天》。

之后，米切尔花了半年的时间来反复核实小说中所涉及的历史事件的具体时间和地点，包括后来的书名"Gone with the Wind"（直译为"随风飘逝"）也是在这段时间最终定下来的，据说是引用了美国诗人欧内斯特·道森的长诗《辛拉娜》中的一句诗。与此同时，麦克米伦公司也作了大量的宣传工作。

1936年6月30日，《飘》终于出版，书一经面世就销售一空，日销售量最高时为5万册，前6个月就发行了100万册，第一年共发行了近200万册，创造了美国出版界的多项纪录，成为美国轰动一时的畅销书。次年，《飘》毫无意外地获得了普利策奖和美国出版商协会奖。就在小说问世的当年，好莱坞便以5万美元购得《飘》的电影改编权，1939年由克拉克·盖博和费雯丽主演的电影版《飘》(《乱世佳人》)引起全世界的轰动，一举夺得当年的奥斯卡最佳影片奖。就这样，《飘》令米切尔成为出版界和新闻界的明星宠儿。1949年，米切尔却因一场车祸在亚特兰大逝世，人们无不为这颗文坛新星的过早陨落而扼腕叹息。幸而，世人从未因玛格丽特·米切尔的"随风飘逝"而遗忘了这个传奇女子和她的留下经典著作《飘》。

《飘》是一朵在美国南北战争的腥风血雨中绽放的爱情之花，作者玛格丽特·米切尔在书中引领人们看到了南北双方在政治、经济、文化各个层次的不同风貌。整部小说具有浓厚的史诗风格，堪称美国历史转折时期的一面真实的镜子，而小说中郝思嘉与白瑞德的爱情，更是被后人视为历久不衰的爱情典范。

推理小说中的"圣经"
——《福尔摩斯探案全集》

看过动漫《名侦探柯南》都会知道,主角工藤新一给身体变小的自己起名江户川柯南,而"柯南"二字就是取自他最崇拜的侦探小说作家阿瑟·柯南道尔,而他就是神探福尔摩斯之父!

阿瑟·柯南道尔(1859—1931)是19世纪末英国杰出的侦探小说家、剧作家。他毕业于爱丁堡医科大学,行医10余年。由于私人诊所生意萧条,他闲来无聊便开始写侦探小说,《血字的研究》是他的第一部作品,几经退稿才在1887年得以发表,两年后,他又出版了第二部侦探小说《四签名》。小说中私人侦探福尔摩斯这一形象,便随着这两部小说的出版而名声大噪,成为万千人崇拜的偶像。1891年,柯南道尔决定弃医从文,成为职业侦探小说家,他以福尔摩斯为御用主角,共创作了四部长篇和56部短篇小说,包括"冒险史"系列、"回忆录"系列、"归来记"系列、"最后致意"系列、"新探案"系列、《血字的研究》、《恐怖谷》、《巴斯克维尔的猎犬》、《四签名》。1928—1929年,所有这些侦探故事被集结成《福尔摩斯探案全集》。

整部《福尔摩斯探案全集》最成功的地方无疑是塑造了一个传奇的经典侦探形象——夏洛克·福尔摩斯(又译作歇洛克·福尔摩

柯南道尔像

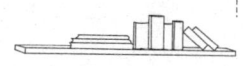

斯),他就是那个头戴猎鹿帽,嘴刁大烟斗的人。据说,柯南道尔是从自己见习于爱丁堡皇家医院时一名善于观察的老师的身上获得灵感,创造了福尔摩斯这一人物。小说中的夏洛克·福尔摩斯生于1854年,有一兄弟麦克罗夫,双亲不详,但同是画家的他们留给了福尔摩斯艺术家的天赋。他在牛津和剑桥学习化学,不爱交际,最爱也最精于击剑和拳击。福尔摩斯善于通过观察与演绎法来解决问题,他头脑冷静、观察力敏锐、推理能力极强,自称是一名"咨询侦探",也就是说当其他私人或官方侦探遇到困难时常常向他求救,所以大部分故事都集中讲述一些比较困难、需要福尔摩斯出面调查的案子,伦敦警察对性格乖戾的破案神探夏洛克真是爱恨交加!

《福尔摩斯探案全集》中另一个重要人物是华生医生。他是故事的参与者也是叙述者,作者柯南道尔让华生以回忆的形式,用第一人称给读者讲述福尔摩斯的故事。华生在刚刚认识福尔摩斯,还不知道他的职业(侦探顾问)时,给福尔摩斯的知识面列过一张清单:1.文学知识——无。2.哲学知识——无。3.天文学知识——无。4.政治知识——浅薄。5.植物学知识——不全面,对莨菪、鸦片和一切毒性植物很有研究。实用的园艺学则全不知道。6.地质学知识——偏于实用,但也有限度。他在一眼之中就能分辨出是哪里的泥土。有一次他散步回来,裤子上沾了些泥巴,他事后从泥土的颜色和成分上分析,便指出那泥痕沾于伦敦何处。7.化学知识——很精深。8.解剖学知识——准确而没有系统。9.关于惊险文学的知识——很广博。他似乎对近一个世纪中所发生的一切恐怖事件都深知底细。10.提琴拉得很棒。11.他是一个使棍的专家,也精于刀剑拳术。12.具备充分实用的英国法律知识。福尔摩斯与华生在1877年相遇,并合租下贝克街221B号公寓,从此两人便开始了冒险传奇的侦探经历!

试想,能塑造出如此具有吸引力的夏洛克,能写下这么多推理缜密的侦探小说,这个作者一定不是凡人!"福尔摩斯之父"柯南道尔的一生确实多彩多姿、曲折离奇,甚至比福尔摩斯的一生更传奇、更迷离、更惊险！他是个历史学家、捕鲸者、运动员、战地通讯记者及唯心论者，他曾亲自参与两件审判不公的案子，并运用他的侦探技巧证实那罪犯其实是清白的。柯南道尔是个地道的爱国者，大英帝国在南非争夺金矿开采权的时候，他以书生之笔助国威。1902年，他因在布尔战争中于南非野战医院的优异表现荣封爵士。他还在首部福尔摩斯电影《无声》中出现过。不得不说，柯南道尔自己的人生经历无疑为成功塑造福尔摩斯提供了丰富的阅历保障，那个多才多艺却有点神经质的福尔摩斯和冷静理智的医生华生一合并，就是作者自画像的豪华升级版。

当然，仅有传奇人物的侦探小说肯定不是好故事，剧情和推理才是王道。作为侦探悬疑小说的鼻祖，柯南道尔侦探小说的艺术技巧可谓高超，他将理论和实践结合，进行逻辑推理，使读者不得不相信故事发展和演变的合理性，极具说服力。他在小说中设置种种疑团，不断从各个方面提出各种问题，吸引读者寻求答案，让故事情节环环相扣，这有点类似于中国的章回小说。在小说中，人们仿佛跟随着天才大侦探福尔摩斯一同探案，在各式各样的细节中看到英国现实社会的全景图，柯南道尔正是以这种巧妙的笔法向人们呈现出道德问题、犯罪问题和殖民主义的问题，如此一来，便提升了这部侦探小说的社会价值。

英国著名小说家毛姆曾说："和柯南道尔所写的《福尔摩斯探案全集》相比，没有任何侦探小说曾享有那么大的声誉。"不过，就在人人都爱夏洛克，人人都为福尔摩斯"疯狂"的时候，柯南道尔却在一封给母亲的信中写道："我考虑杀掉福尔摩斯……把他干掉，一了百了。他占据了我太多的时间。"后来，他果断地付诸了实践：1893年12月在《最后一案》中，柯南道尔让福尔摩斯和他的死敌莫里亚蒂教授一起葬身莱辛巴赫瀑布，这一年的夏洛克只有37岁。帅气、万能的福尔摩斯居然死了，全世界的福迷都震惊了！要知道，无数福迷都真心相信夏洛克·福尔摩斯是真实存在的。冷酷、精明、不近女色的福尔摩斯突然离世，让人们根本无法接受。于是，在伦敦，有的人佩戴黑袖箍纪念福尔摩斯，有的成群结队示威游行表示抗议，有人到连载报社砸报馆，还有女士大骂柯南道尔为畜生，甚至有人扬言要谋杀作者……读者群对福尔摩斯的痴狂和执著迫使作者柯南道尔不得已又让这位神探重新"复活"了。1903年，柯南道尔发表了小说《空屋》，让福尔摩斯死里逃生，重出江湖，彪悍的神探又回到了伦敦贝克街221B号公寓，此后福尔摩斯又连破大案。读者们终于恢复了平静，他们又回到家中捧起书，沉迷于福尔摩斯的世界当中。

渗透在童话中的人类文明思索
——《小王子》

小王子是谁？小王子是一个忧郁的小人儿，他有着金黄色的头发，他来自一个很小很小的名叫 B612 的星球；小王子很容易忧伤，他小小的生命柔情善感，令人心疼。在撒哈拉沙漠中，小王子与一个法国飞行员相遇，他们点点滴滴地交心聊天；小王子思念着自己星球上的玫瑰，又驯养了爱他的狐狸……这是一部献给所有人看的童话，这是一则关于爱与责任的寓言，这是一个世界上最伤心的故事，这是一本全球销量仅次于《圣经》的经典书籍。这就是风靡全球的催泪童话《小王子》。

《小王子》是法国贵族作家、诗人安托万·德·圣-埃克苏佩里（1900—1944）最著名的小说，发表于 1943 年。作为法语书籍中拥有最多读者和译本的小说，《小王子》曾当选为 20 世纪法国最佳图书，它是世界最畅销的图书之一，自 1943 年发行第一版起，世界各地至少出版了 250 种语言翻译的许多版本，全世界迄今已售出两亿多册，如今，它的年销售仍是 100 多万册。《小王子》还被广泛改编为舞台剧、电视剧和芭蕾舞剧等各种形式，甚至在电子游戏"超级玛丽"中都有小王子的形象呢！

埃克苏佩里像

作者圣-埃克苏佩里首先是一个出色的飞行员，其次才是一个作家。《小王子》是他1943在法国沦陷,自己流亡美国时的作品。他带着对妻子的思念和无尽的去国怀乡之情,完成了《小王子》的手稿。这是一个讲述跑到地球来的小王子有关孤独、友情与爱的得失的感人小故事。如果你是孩子,那你一定会被小王子奇妙的星际旅行经历所吸引;如果你是大人,阅读《小王子》会让你感到自己日益冷漠的内心,在小王子的目光中、在满天的星光下,渐渐恢复了往日的纯真与浪漫,别忘了"所有的大人都曾是小孩子,虽然,只有少数人记得……"

故事的讲述者是飞行员"我",由于飞机发生故障,"我"迫降在荒无人烟的撒哈拉沙漠,并且结识了来自B612星球的小王子。小王子同"我"分享一路上的星际见闻。这里值得一提的是,作家本人曾经因飞机故障降落在撒哈拉沙漠,书中提到的茫茫沙漠、恐慌、口渴,都是他亲身体验过的,所以才会写得那么真实。在童话中,小王子住在一颗只比他大一丁点儿的B612号小行星上,他拥有三座火山,另外还有一朵他非常喜爱的小玫瑰花与之相伴。他每天认真清理火山,悉心照顾玫瑰花,但小玫瑰花的虚荣心伤害了小王子对她的感情。所以,小王子告别小行星,开始了遨游太空的旅行。他先后访问了六个行星,沿途的各种见闻使他陷入忧伤,他感到大人们的荒唐可笑、太不正常。在地理学家的指点下,孤独的小王子来到人类居住的地球。小王子发现人类缺乏想象力,只知像鹦鹉那样重复别人讲过的话。这时的小王子愈发思念自己星球上的那朵玫瑰花。后来,小王子遇到一只小狐狸,狐狸向小王子描述它想象的新人生:"如果你驯养我,那我的生命就会充满阳光,你的脚步声会变得跟其他人的不一样。其他人的脚步声会让我迅速躲到地底下,你的脚步声则会像音乐一样,把我召唤出洞穴。"小王子用耐心驯服了小狐狸,与它结成了亲密的朋友。小狐狸把自己心中的秘密——"人只有用自己的心才能看清事物,真正重要的东西用眼睛是看不到的"作为礼物,送给小王子。正是用这个秘密,小王子在撒哈拉大沙漠与"我"一起找到了生命的泉水。最后,小王子在蛇的帮助下离开了地球,重新回到他的B612号小行星上。

读完《小王子》，难免会好奇，玫瑰花是谁？真的有 B612 星球吗？小狐狸又是怎么来的？你大概已经猜到几分，文中小王子的那朵自负而任性的玫瑰其实就是基于作者的萨尔瓦多籍妻子康斯薇洛·德·圣-埃克苏佩里塑造的，而小行星 B612 则源于其以多火山而著名的祖国萨尔瓦多，那个像哲学家一样智慧、被小王子驯养的小狐狸的原型是一种耳廓狐，那是作者做邮政飞行员时，曾在撒哈拉大沙漠见过一种大耳朵的狐狸。小王子这个形象可能受作者自己幼年时外貌的启发。圣-埃克苏佩里小时候有一头蜷曲的金发，被朋友和家人叫做"太阳王"。作者圣-埃克苏佩里不仅将现实与想象奇妙融合，还周到地用画笔为我们图解《小王子》，现在我们看到的书中那些简洁而优雅、早已成为故事一部分的水彩插图全是圣-埃克苏佩里本人画的，文字旁配有像草帽一样的蛇吞象图，再翻几页，还能看到小小的 B612 星球，而那个有着一头蜷曲金发、略带忧郁的小男孩正好符合读者心中想象的小王子形象。

台湾作家三毛曾说："如果我只有一个月的时间，只一个月，我便去看一本法国作家圣-埃克苏佩里著的《小王子》。用一个月去看它，可以在一生里品味其中优美的情操与思想，这是绝对不枯燥的一本好书。"《小王子》是一个童话，但不是一个普通意义上的童话。它对我们的生活状态充满深刻的反思，是一个"哲理童话"。这个"哲理童话"与一切说教无关，所有的道理都蕴藏在如诗如画的故事里，所有的智慧都闪现在星星、沙漠和清泉里，在小王子银铃般的笑声里。作者以小王子孩子式的眼光，透视出成人的空虚、盲目和愚妄，用浅显天真的语言写出了人类的孤独寂寞、没有根基而随风流浪的命运。

据说，《小王子》出版后仅仅几个星期后，圣-埃克苏佩里甚至连版税都没来得及领，就参加了自由法国军。他十分中意《小王子》，即使参战时也随身带着一份作品副本，时不时读给战友们听。1944 年 7 月，为了防备轴心国在法兰西的攻击，他参加了一次从科西嘉岛飞往大陆的间谍行动，随后失踪，从此再也没有人见到他。后来人都相信圣-埃克苏佩里其实并没有死，他只是像小王子一样回到他自己的星球去了，也许他才是真正的飞翔的小王子。

《小王子》像是一首清丽唯美、略带忧伤的颂歌,在为你净化心灵的同时又让你感受到丝丝心酸。多年来,这个故事不知打动了多少人,玫瑰、狐狸、麦子、B612……它们几乎成为无数"小王子迷"心照不宣的文艺小暗语。小王子曾告诉我们:"使沙漠如此美丽的,是它在某处藏着一眼泉水。"其实,使生活如此美丽的,是它在不经意的时刻送给我们这本《小王子》。

哲学大师写就的通俗入门书
——《西方哲学史》

《西方哲学史》绝对是一本可以让人们爱上哲学的著作,在罗素酣畅淋漓的叙述中,会产生各种独到闪光的观点,他的论述激情澎湃,他的批判毫不留情,即便有些观点被后人评价为是一种偏见,但它们至少特立独行,绝不雷同。

伯特兰·罗素(1872—1970)是英国哲学家、数学家,也是20世纪西方最著名、影响最大的学者和社会活动家之一。这位博学多才、个性张扬的智者,生于英国威尔士莫矛斯郡特雷莱克的一个英国辉格党贵族世家。其祖父约翰·罗素勋爵在维多利亚时代两度出任首相,并获封伯爵爵位,其父安伯力·罗素是一位激进的自由主义者,因为鼓吹节育而失去国会的议席。罗素在4岁时就失去双亲,后由祖母抚养。这样的经历导致童年时的罗素极其孤寂,他常常在家中荒凉失修的大花园里独自散步冥思,后来,大自然、数学和书籍渐渐成为拯救罗素于孤独和绝望境地的三大法宝。罗素的主要贡献首先在数理逻辑方面,他由数理逻辑出发,建立起来的逻辑原子论和新实在论,使他成为现代分析哲学的创始人之一。罗素一生以追求真理和正义为终生之志,他从来都不是深居书斋不问世事的学者,从青年时代起,罗素就积极参加社会政治活动,追求并捍卫社会主义,他曾访问苏联,会见列宁;受梁启超邀请,罗素于1920—1921年间到中国讲学9个月,与中国的知识分子和各界人士广泛接触,推进了中国的新文化运动,"罗素热"在当时曾风靡全中国。

这位哲人文豪一生的著作多达七八十种,论文几千篇,其作品广泛涉及哲学、数学、科学、伦理学、社会学、政治、教育、历史、宗教等诸多方面，因此享有"百科全书式"思想家之称，其主要著作有《数学原理》《哲学问题》《西方哲学史》等。罗素的大部分作品都能把理论的深刻性和表达的通俗性结合起来，他的著作里既有亚里士多德与黑格尔的思辨性，又能见伏尔泰与达·芬奇作品的浪漫性，其流畅清新的文风享誉甚高。1950年，为了"表彰他所写的捍卫人道主义思想和思想自由的多种多样、意义重大的作品"，罗素被授予诺贝尔文学奖。

《西方哲学史》是一部罗素式的典型代表作。这部出版于1945年的著作，全面考察了从古希腊罗马时期到20世纪中叶西方哲学思潮的发展历程。罗素将哲学看作某种介乎神学和宗教之间的东西，基于此，他认为西方哲学在发展过程中始终受到来自科学和宗教两方面的影响，并据此把西方哲学发展史划分为古代哲学、天主教哲学、近代哲学三个时期，揭示了在哲学的发展过程中，科学与宗教、社会团结和个人自由是如何错综复杂地交织在一起，且一同与哲学交互作用的。

罗素在《西方哲学史》的英国版序言中说："哲学史已经很多了，但据我所知，还没有一部其目的与我为自己所定的完全相同。哲学家们既是果，也是因。他们是他们时代的社会环境和政治制度的结果，他们（如果幸运的话）也可能是塑造后来时代的政治制度信仰的原因。在大多数哲学史中，每一个哲学家都是仿佛出现于真空中一样；除了顶多和早先的哲学家思想有些联系外，他们的见解总是被描述得好像和其他方面没有关系似的。与此相反，在真相所能容许的范围内，我总是试图把每一个哲学家显示为他的环境的产物，显示为一个以笼统而广泛的形式，具体地并集中地表现了以他作为其中一个成员的社会所共有的思想与感情的人。"这正是罗素此部著作独具魅力之处，诚如上文所言，其最突出的特点在于它所论述的主题——哲学不是卓越的个人所做的独立的思考，而是社会政治生活的一个组成部分，是"各种社会性格的产物与成因"。此外，罗素还主张在哲学史中要插入一些纯粹社会史性质的篇章，他认为，不这样就很难理解某一时期的哲学思潮，因而在这部书中,罗素对一般历史的叙述也比同类著作要多。

下面让我们看看罗素在《西方哲学史》中是怎样东家长西家短地深挖哲学家八卦的,在提到开普勒的时候,他说:"开普勒是说明人假若没有多大天才,凭毅力能达到什么成就的一个最显著的实例";而提到伽利略时,他先一本正经地说:"伽利略要算是近代科学的最伟大奠基者了","伽利略是重要的天文学家,但他作为动力学的始祖,或许更重要。"这原本是两句很常见、很"学术"的话语,但这个调皮的老头偏就忍不住,要在这两句之间插一句唠叨:"他大约就诞生在米凯兰基罗逝世的同一天,而又在牛顿诞生的那年逝世。我把这两件事实推荐给还信生死轮回的人(假使有这种人)。"当罗素写到"我思故我在"的笛卡尔时,他先说此人在天气寒冷时喜欢钻进一个火炉子,"整天呆在里面潜思",然后又故作正经地评论道:"苏格拉底惯常在雪地里终日沉思,但是笛卡尔的头脑只当他身暖时才起作用。"这些突兀而至的诙谐,令你在阅读时总能会心一笑,使读者的哲学史探险充满了未知的惊喜和乐趣。

用思想碰撞思想,以哲学理解哲学,罗素笔下的《西方哲学史》是一本很有爱的哲学书,从那些暴风骤雨的批判中凸显出的正是罗素对智慧的炽烈热爱。在他那些看似戏谑搞怪的字里行间中,我们反倒是能看见一位智慧学者下笔前的深思熟虑和对读者的无限尊重,他将艰涩枯燥的哲学原理蕴藏于漂亮酣畅的文笔之中,令人读来兴趣盎然。如此一部《西方哲学史》充满着罗素的深邃思想和独特观点,这是一部特立独行的哲学著作,正如罗素所言:"哲学,从远古以来,就不仅是某些学派的问题,或少数学者之间的论争问题。它乃是社会生活的一个重要部分,我就是试图这样来考虑它的。如果本书有任何贡献的话,它就是从这样一种观点得来的。"

受命写出的经典
——《菊与刀》

古人云:"知己知彼,百战不殆",要想真正了解日本,怎能错过这本美国女人类学家所著的《菊与刀》呢? 它可是现代日本学研究的鼻祖著作,是人们了解日本民族绕不过的经典读本。可以说,《菊与刀》为我们提供了一个更广阔、更全面的视角,如此一来,我们对日本才能有更深入、更透彻的认识。

1944年,二战的欧洲战场战事接近尾声,美军的战略重心转向对日作战。显然,那时的日本败局已定,为了确定对日作战的一系列方针政策,美国政府需要对这个陌生的东方民族有所了解。于是他们向女文化人类学家鲁思·本尼迪克特提出了两个问题,并允许她用一个文化人类学家所能使用的一切手段进行研究并解答这些问题:其一,日本是否有投降的可能;其二,如果日本投降,在战后是否有必要保留天皇。由于当时本尼迪克特无法去日本实地进行田野调查,她只有靠大量参照日本文学和电影,以及对旅美的日本人进行采访等方式,以人类学的调查方法写下了这篇分析、研究日本社会和日本民族性的调查分析报告,旨在指导美国在战后如何管制战败后的日本,也即是说《菊与刀》最初是一个作为文化问题的战争军事问题报告。

1946年,作者又在原报告的基础上加上了研究方法和战后日本社会状态的概述,正式出版了《菊与刀》一书。1949年,《菊与刀》的日文版出版问世,旋即在美国、日本引起强烈反响。此书的研究意见不仅为美国军事外交决策所采纳,也被日本本土称为现代日本学的开山之作,可谓是文化人类学者研究日本的经典性著作。事实上,美国政府战后对日本所采取的政策和日本相应的反应以及日本社会的发展与该书的分析惊人一致。那时候,《菊与刀》成为美国改造日本、分析日本的指导书,如今,它依旧被认为是研究日本民族性的必读书,是社会科学研究直接运用于政治实际操作的杰出例证。

《菊与刀》的作者是一位名叫鲁思·本尼迪克特的女人类学家,她于1887年生于纽约。原姓富尔顿,其祖先曾参加美国独立战争。她本人大学时期主修英国文学,1919年入哥伦比亚大学研究人类学,1923年获博士学位。1927年研究印第安部落的文化,写成《文化的类型》一书。1940年著《种族:科学与政治》,批判种族歧视。第二次世界大战期间从事对罗马尼亚、荷兰、德国、泰国等国民族性的研究,而以对日本的研究,即《菊与刀》一书成就最大。战后,她继续在哥伦比亚大学参加"当代文化研究",于1948年9月病逝。

此书令人称奇的地方在于,这样一个从未踏足过日本的美国人,以她惊人的洞察力和敏锐的观察力,以及其深厚的文化人类学学术功底,竟写成了《菊与刀》这样一部通览日本文化、解读其矛盾性格的惊世之作。虽然作者的研究或多或少地囿于西方中心主义的局限,但是,她那细致入微的观察和精炼到位的总结,仍带给人们惊喜和感叹。

众所周知,恬淡静美的"菊"是日本皇室家徽,凶狠决绝的"刀"是武士道文化的象征。美国学者鲁思·本尼迪克特运用文化人类学的方法,用"菊"与"刀"来揭示和隐喻日本人的矛盾性格,也是在比喻日本文化的双重性:如爱美而黩武、尚礼而好斗、喜新而顽固、服从而不驯……作者由此入手,从日本人森严的等级制度讲起,分别从行为习惯、文化观念、道德世界、人情态度、自我修养和儿童教育等各个方面对日本人的民族性进行了深刻的剖析,从中我们可以解读出日本民族历久形成的种种文化模式,包括负恩与报恩的压力、义理与自由的抉择,享乐的人情观与自虐的修养法,还有别样的儿童教育传统,本尼迪克特指出日本幼儿教养和成人教养的不连续性是形成双重性格的重要因素。

在《菊与刀》一书中，读者会看到日本人的这些充满矛盾的外部行为模式及内在文化价值体系，这使我们逐渐窥见了严格的家族制度和等级制度下日本"耻感文化"的渊薮。全书从日本人生活方式和典型事件入手，于生动的叙述中进行深刻有力的论析，其语言富有智慧和幽默感，读来绝对不会让人感觉乏味空洞，反而能够在引人入胜的行文中启人深思！

本尼迪克特在这部著作中的另一个闪光之处在于，她把日本文化的特征概括为"耻感文化"，认为它与西方的"罪感文化"不同，其强制力在于外部社会而不在于人的内心。对于这样的观点，有些日本社会学者评价很高，认为表现了"深刻的洞察力"，然而，有些日本历史学者则不同意，认为作者把特定时代、特殊社会集团的社会心理当作"日本人"的普遍心理，在方法论上有非历史的和超阶级的缺点。这些评价虽然各不相同，但不可否认的是其影响力绝非一般。1951年《菊与刀》被列入日本《现代教养文库》，至1963年已重印36次。1982年出版的一本介绍"日本学"名著的书中称赞此书是现代日本学的鼻祖，是文化人类学者研究日本的经典性著作。1986年一篇综述战后日本研究状况的文章列举七种代表性观点，说《菊与刀》是令人注目的一种。

如今，距离本尼迪克特写作这本书已经过去60多年，在这60多年间，对于日本这个在行为上能够轻易"从一个极端转为另一个极端"（本尼迪克特语）的民族来说，很多表面上、形式上的东西或许已经有所变化，但是此书中提到的日本民族的一些特质和本质，依旧根深蒂固、仍然稳定如初。作者将日本民族文化里这场小清新与重口味的"PK大赛"，以准确生动的样貌呈现在世人面前，让人们既看到了日本的如菊精致，又看见了它的如刀闪亮。20世纪50年代，美国用它控制并改造日本；20世纪80年代，世界用它分析和认识日本；时至今日的21世纪，中国是不是更应该用它来重新审视和发现日本呢？

守望者走了,麦田还在

——《麦田里的守望者》

曾经在美国的街头,到处都有半大的孩子穿着两用风衣,头戴红色鸭舌帽,满脸不屑的笑容,抻着自己尖锐的下巴……是什么让他们如此"整齐划一"?谜底就是一部小说——《麦田里的守望者》!书中的主人公霍尔顿就是以这样具有标志性的造型游荡在纽约的街头,他就是这些美国孩子们心目中最牛最酷的偶像!美国的年轻人在冬日凛冽的风中游荡,他们把头顶的红色鸭舌帽压得低低的,学着霍尔顿的话说"天气冷得像女巫的奶头"。他们戴着耳罩,却不戴手套,就因为在小说中霍尔顿的手套被人偷走了。于是,在那个冬天,美国孩子们的手上都没有了手套。

《麦田里的守望者》被誉为美国文学史上的青春读本,是美国现代文学十大经典之一,其作者是杰罗姆·大卫·塞林格(1919—2010)。正是这部小说,塞林格赢得世界范围内的广泛赞誉。1951年,《麦田里的守望者》刚一出版,就立刻引起了美国青少年的狂热追捧,一度引起讨论热潮。据说,在20世纪60年代初期,外国学者只

塞林格像

要跟美国学生一谈到文学,他们马上就会提到《麦田里的守望者》。所以,美国文学评论家格拉维尔·西克斯才会说:"我深信,有千百万美国青年觉得自己对塞林格比对任何其他作家更为亲切。"从此,塞林格就成了所有青少年心中那个坚定的守望者。

小说《麦田里的守望者》成功塑造了一个16岁美国少年霍尔顿的叛逆形象,他一度成为"垮掉的一代"的典型文学形象代言人,极大地影响了好几代美国青年。在小说中,这个迷人的另类英雄以自述的第一人称口吻讲述他被学校开除后在纽约城游荡将近两昼夜的所见所闻和心灵感受。

霍尔顿是一名中学生,出身于中产阶级家庭,他厌倦学校的一切,不计其数的挂科,令他曾三次被学校开除。又是一个学期结束,霍尔顿又将面临被学校开除的命运。他丝毫不在乎这一切,在深夜离开学校,回到纽约城。因为不敢回家,所以他住进了一家小旅馆。在那里,霍尔顿看到各种令人作呕的男男女女,他感觉极度恶心,心中烦闷。翌日,霍尔顿又戴上他的红色鸭舌帽,以霍尔顿式的造型上街游荡,在溜冰场他因为看不惯女友的假情假意,而与她大吵一架。接着,苦闷的他一个人看完一场电影,又在酒吧跟狐朋狗友们喝到烂醉。这种醉生梦死的生活令霍尔顿倍感厌恶,这时他突然开始想念自己心爱的妹妹菲比,便决定冒险回家。谁知还没和妹妹多聊几句,父母就突然回来,霍尔顿只得偷溜出来,跑到一个老师家中借宿。这个怪里怪气的老师令霍尔顿很不自在,他又一次逃跑了,流落街头。迷茫的霍尔顿既不想念书,也不愿回家,后来他决定去西部。妹妹菲比得知后,直接拖着行李箱找到霍尔顿,执意要跟他一同前往西部。霍尔顿不愿拖累妹妹,因而放弃了西部之行,回到家中。这时,霍尔顿不得不回归社会,并为此大病一场。他的理想破灭了,只能在幻想中做一个"麦田里的守望者",最后被送入了精神病院。

全书篇幅不大,读起来流畅通达、一气呵成。塞林格用高超的艺术技巧,细致而尖锐地描绘出当时纽约的风貌:污秽破旧的小旅馆,凄冷寂寥的中央公园,迷茫麻木的青年……读者仿佛跟随霍尔顿一起经历了一次流浪式的旅行。这一路上，霍尔顿絮絮叨叨，诉说心中的不满和厌恶；他有点神经质，对红色鸭舌帽情有独钟，随身携带，还不厌其烦地告诉你"我就喜欢这么戴"、"可我就喜欢这样戴"；他以无厘头的方式嘲笑着世界；他关心在冬天湖水结冰的时候，纽约中央公园湖里的鸭子们要到哪里去；他还有一个足以融化人心的浪漫理想："我老是在想象，有那么一群小孩子在一大块大麦田里做游戏。几千几万个小孩子，附近没有一个人——没有一个大人，我是说——除了我。我呢，就站在那混账的悬崖边。我的职务是在那儿守望，要是有哪个孩子往悬崖边奔来，我就把他拦住——我是说孩子们都在狂奔，也不知道自己是在往哪儿跑，我得从什么地方出来，把他们拦住。我整天就干这样的事。我只想当个麦田里的守望者。"

霍尔顿其实就是20世纪50年代众多反叛英雄的典型代表：他怀疑一切，拒绝接受也不能容忍虚伪做作；他还鄙视圆滑势利的"成功人士"，更耻于遵循他们的"成功之道"，而就是这样一个好像全身长满了刺的人却在弱者或特立独行的人面前流露出柔软的一面，对他们充满了同情和爱。霍尔顿是一个天生的反叛者，他的反叛没有任何功利的目的，是一种出于本能与自发的反叛，是为了维护自己真诚的本性和抵制世俗虚伪的侵蚀而作的反叛，在他看似颓废叛逆的外表下却深埋着纯真浪漫的灵魂。

合上小说，我们不免感慨，霍尔顿何尝不带有作者塞林格理想的影子呢？象征孩子们无忧无虑纯净乐园的"麦田"，不就是作者心中的圣地吗？有传闻说，成名后的塞林格隐居在乡间小屋，外筑高墙，离群索居，拒绝媒体的采访，每天在一间只有一扇天窗的斗室中奋笔写作，却鲜见他出版更多的作品。也许，塞林格正是以这种与世隔绝的方式，做了一个真正的"守望者"，守护着他心中那一片圣洁的"麦田"。

2010年，塞林格永远离开了"麦田"，这位91岁的"守望者"终于可以休息了。守望者虽然走了，但幸运的是，麦田还在，或许它正迎来新的守望者……

"人可以被消灭,但不能被打败"
——《老人与海》

有这样一个作家,他以"金鸡独立"的姿势写出了一部获得诺贝尔文学奖的作品!他说:"我站着写,而且用一只脚站着。我采取这种姿势,使我处于一种紧张状态,迫使我尽可能简短地表达我的思想。"你知道吗?这位作家是个百分百的硬汉,他14岁走进拳击场,被击中头部,满脸鲜血,可他不肯倒下;19岁走上"一战"战场,身中230多块弹头弹片,经历13次手术,这也没能击垮他;写作上历经无数次退稿,无数的失败,终无法阻挡他写作的热情,依旧笔耕不辍;晚年经历过两次惊险的飞机失事,他都从大火中站了起来。这个爱冒险、爱生活的阳刚汉子有着斗牛士般的勇气!可你知道吗?最终,他承袭家族的暴力与刚强,不愿成为无能的弱者,选择像他的父亲一样举枪自杀,他的那句名言"我可以被杀死,但是不会被击败!"竟然一语成谶。这个冷面霜鬓络腮胡的硬汉就是作家中的偶像派——海明威!

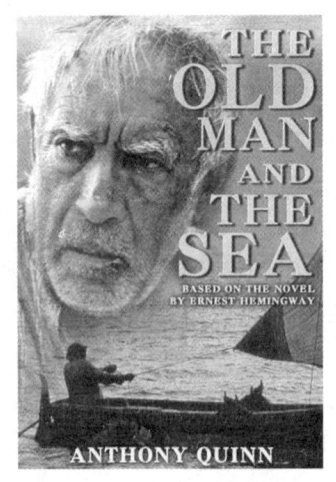

英文版《老人与海》

欧内斯特·米勒尔·海明威(1899—1961),美国小说家,他被誉为美利坚民族的精神丰碑,是"新闻体"小说的创始人,他一向以"文坛硬汉"著称,其简洁凝练的文风,对美国文学及20世纪文学的发展有极深远的影响。海明威出生于美国伊利诺伊州芝加哥市郊区的奥克帕克,这是一个橡胶园小镇。母亲是音乐教师,颇具艺术天赋,后来的海明威乐于研究奥地利作曲家莫扎特、西班牙油画家戈雅、法国现代派画家谢赞勒的作品,也许是从小受到母亲艺术熏陶的缘故。海明威的父亲是一名医生,精通捕鱼和打猎。海明威3岁时,父亲给他的生日礼物是一根渔竿儿;10岁时,父亲就送给他一支一人高的猎枪。父亲的影响使海明威终生对捕鱼和狩猎充满了热爱,而后来父亲因为糖尿病和经济困难开枪自杀,更是在海明威的心里留下了不可磨灭的印记。

中学毕业后,一心想奔赴前线战场的海明威因为眼疾未能如愿,就来到《堪萨斯明星报》做了见习记者。在那里他学会了最初的文字技巧:要"用短句","用活的语言","用动词,删去形容词","能用一个字表达的不用两个字",等等。海明威掌握了新闻写作的技巧,逐渐形成了自己精炼、含蓄的行文风格。

海明威传奇的生活赶上了两次世界大战最混乱最恐怖的年代,他是一个从"绝望的境地里"走出来并且继续抱有希望的人。面对世界的荒诞与丑恶,他不像一些现代主义作家那样失望、漠然,而是像一个古罗马的角斗士一样昂然以对!正是这种不败的硬汉精神,构成了他小说人物的精神骨架。

在经历了无数次的退稿后,1926年,长篇小说《太阳照常升起》使海明威一炮走红,当时的评论界称这部小说是"迷惘的一代"的宣言书,海明威更是被誉为"迷惘的一代"的代言人。此后,海明威以单脚站立的姿势又写出了《永别了,武器》、《丧钟为谁而鸣》、《乞力马扎罗的雪》等或反思战争、或思索迷惘人生的经典佳作,每部作品都备受赞誉,海明威的名字开始蜚声文坛。

一战后,海明威移居古巴海滨,在那里他结识了老渔民格雷戈里奥·富恩特斯。这个曾在风暴中搭救过海明威的老渔人就是《老人与海》中"老人"的原型,《老人与海》的故事就是根据他的真实经历所写的。当时,海明威曾在《老爷》杂志上发表了一篇通讯《在蓝色的海洋上》,报道富恩斯特的海上故事,透露了后来《老人与海》的部分情节。

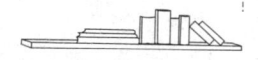

1950年圣诞节后不久,海明威突然产生了极强的创作欲望,在古巴哈瓦那郊区的别墅"观景社",他开始动笔写《老人与海》。每天早晨6点半,这个有着茂密的络腮胡子的彪形大汉聚精会神地站着写作,一下笔就一直写到中午12点半。他喜欢用铅笔写作,因为这样便于修改,写得最顺手时他一天就要用7支铅笔。

　　《老人与海》几乎是海明威一气呵成之作,到1951年2月23日就完成了初稿,前后仅用了八周。海明威曾说:"写作就像猎狮,《老人与海》是我打到的一生中最大最美的狮子。"《老人与海》讲述的是一个关于命运和抗争的故事,一个老人,一条小船,一片无垠的大海。故事中的主要人物只有两个,一个是主角——名叫圣地亚哥的老渔夫,另一个是黄金大配角———一个叫马诺林的小男孩。看到小说的第一句话,一种孤独和苍茫的感觉便立刻袭来:"他是个独自在海湾中一条小船上钓鱼的老人,至今已去了八十四天,一条鱼也没有钓到。"终于在第85天,这个孤独的渔者钓到一条大马林鱼,经过两天两夜的殊死搏斗,他杀死了大鱼。就在凯旋的返航途中,死去大鱼的血却引来了鲨鱼,圣地亚哥又与围攻的鲨鱼展开激烈的周旋,老人在心中呼唤:我的朋友(那条被他杀死的大鱼),你要是可以帮我一起战斗就好了。可以看出,人与自然在海明威的笔下并非只是单纯的征服与被征服的关系,实则颇有惺惺相惜、息息相通的意味。最终,大鱼难逃被吃光的命运,老人拖着一个硕大的鱼脊骨,回到家中,沉沉睡去。他正梦见顽皮可爱的狮子,而孩子马诺林陪在他的身旁。

　　海明威像是一个电影导演,他以摄像机般的写实手法拍摄记录了圣地亚哥老人捕鱼的全过程,呈现出一个在重压下仍然保持优雅风度,具有硬汉精神的老人形象。圣地亚哥是海明威所崇尚的完美的人的象征:坚强、宽厚、仁慈、充满爱心,即使在人生的角斗场上失败了,面对不可逆转的命运,他仍然是精神上的强者,是"硬汉子"。海明威自己说:"我试图描写一个真正的老人,一个真正的孩子,真正的大海,一条真正的鱼和许多真正的鲨鱼。然而,如果我能写得足够逼真的话,他们也能代表许多其他的事物。"海明威将其洗练的文字风格和下意识的象征隐喻玩转于37000个单词当中,讲述这个故事他几乎没有用到一个形容词,全部由动词串联而成,时而轻灵短小、时而举重若轻,文风简洁剔透,读来清新凛冽。

《老人与海》这部诞生于海明威暮年的中篇小说,甫一出版就博得阵阵喝彩,甚至创造了48小时内卖出530万册的销量纪录。这部小说不仅赢得了读者的青睐、饱受好评,而且也得到了学院派的认同——一举斩获1952年的普利策奖和1954年的诺贝尔文学奖。评论家说:"这个朴素的故事里充满了并非故意卖弄的寓意……作为一篇干净利落的'陈述性'散文,它在海明威的全部作品中都是无与伦比的。每一个词都有它的作用,没有一个词是多余的。"

从此,海明威以极简文风和"冰山写作理论"(海明威曾说:"冰山在海里移动,它之所以显得庄严宏伟,是因为只有八分之一露出水面")开宗立派,以他一贯的"电报式文体"风格,征服了所有对文字有感悟力的人。

"《老人与海》是一首田园乐曲,大海就是大海,不是拜伦式的,也不是麦尔维尔式的,好比荷马的手笔;行文沉着又动人,犹如荷马的诗。"(贝瑞孙语)这部小说有着丰富细致的真实刻画,也有着热烈直率的情绪表达,这种不失浪漫和张力的简洁,耐人寻味,海明威比任何同时代的作者更具"后现代"气息。也正因如此,《老人与海》曾先后两度被搬上大银幕。俄罗斯人亚历山大佩特洛夫克还根据此故事,用手指在玻璃上完成画作,花费两年半时间完成一部仅仅20分钟的小动画,并且赢得了奥斯卡最佳动画短片奖。

晚年的海明威备受高血压、糖尿病和铁质代谢紊乱等疾病的折磨,心理上的焦虑让他的抑郁症也很严重,他进行了25次电疗来减轻抑郁症。他曾在小说《太阳照常升起》中写到:"探索优雅的退场方式很重要。"1961年7月2日,海明威穿着睡裤和浴衣走进爱达荷州凯彻姆家中的地下室,将他心爱的双筒猎枪塞进嘴里,扣动扳机……这个非洲雄

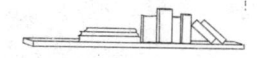

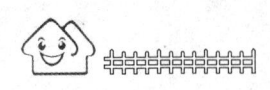

狮一般的硬汉英雄以暴力的姿态优雅退场,以自我毁灭式的生命绽放告诉世人"一个人并不是生来就要被打败的,人尽可以被毁灭,但却不能被打败(A man is not made for defeat, a man can be destroyed but not defeated.)"(《老人与海》)

荒谬世界中的尴尬处境
——《等待戈多》

一出戏剧应该有哪些必备要素？情节、冲突、人物、台词？不不不，荒诞大师贝克特朝你摆摆手、摇摇头，在他的眼中，戏剧可以几乎不需要什么情节、冲突，无所谓有没有鲜明的人物形象，也没必要填塞大段的诗意台词，在贝克特的笔下，只要有乱无头绪的对话和荒诞不经的插曲就够了。就这样，一部旨在"揭示人类在一个荒谬的宇宙中的尴尬处境"的荒诞派戏剧——《等待戈多》横空出世了！

《等待戈多》是萨缪尔·贝克特（1906—1989）的一出荒诞戏剧，1948年秋季开始创作，1949年初写成并于1952年发表，这是他创作的第一个剧本。贝克特曾花了很长时间试图将该剧搬上舞台，但皆是徒劳无果。最后终于在1953年1月5日的巴黎巴比仑剧院获得首演。当时该剧的导演是罗杰·布林，他还扮演了波卓的角色。谁都没有想到，此剧的首演竟然一炮而红，它以荒诞的形式和内容在巴黎轰动一时。紧接着，《等待戈多》连演三百多场，成为战后法国舞台上最叫座的一出戏。

尽管如此，《等待戈多》还是毁誉不一。据说当时该剧的支持者与反对者曾因对此剧褒贬争持不下，居然在剧场休息厅大打出手，生动地上演了另一出荒诞大戏！那段时间，《等待戈多》是红极一时的"热播剧"，在巴黎的咖啡馆、酒吧间，甚至在街头巷尾，到处都有人谈论。从此以后，萨缪尔·贝克特的名字因这出"重复的单幕"剧作串红巴黎，这位兼用法语和英语两种语言写作的爱尔兰戏剧家、小说家、诗人、评论家也随即红遍全球，成为荒诞戏剧流派的主要代表人物。1969年，萨缪尔·贝克特因"他那具有奇特形式的小说和戏剧作品,使现代人从精神困乏中得到振奋"而一举摘得当年的诺贝尔文学奖。

《等待戈多》共有两幕戏,只有一个场景和六个人物。美国评论家L·普朗科说:"能够把一个所谓静止的戏、'什么也没有发生'的戏写得自始至终引起我们的兴趣,这正是贝克特的才能。"该剧的主要人物是两个流浪汉爱斯特拉冈(又名戈戈)和弗拉第米尔(狄狄),他们在一个没有具体定义的地点:一条乡村道路,路旁只有一棵枯树,两人"无所事事"地打发时间,等待一个他们不认识、名叫戈多的人。他们对戈多一无所知,甚至不知道是否真有这么一个人。而事实上,戈多直到全剧结束也没有出现,这场等待显然是徒劳的。为了"和恐怖的寂静保持距离",两人讨论了许多荒谬的话题,例如讨论各种自杀的可能性,不断争执又重新和解。直到天黑,一个孩子来告诉他们,戈多今天不来,明天准来,第一幕就此结束。第二幕是次日黄昏,两人如昨天一样仍然在等待戈多的到来。不同的是枯树上长出四五片叶子,原先路过的波卓成了瞎子,幸运儿则成了哑巴。四个人如蛆虫般痛苦蠕动,像白痴一样呆傻妄言。又到了天黑的时候,那孩子又说戈多今天不来,明天准来。

《等待戈多》剧照

剧情上几乎是重复的两幕戏,在每幕结束时都会出现一个自称是戈多派遣的,看上去有点胆怯的信童——他的牧羊人,通报说戈多今天不来,明天准来。到了这个时候,等候者开始怀疑他们的处境是否毫无意义,但是依旧在重复的对话中兜兜转转不肯离去:"爱斯特拉冈:'算了,我们走吧!'弗拉第米尔:'我们不能。'爱斯特拉冈:'为什么不能?'弗拉第米尔:'我们在等待戈多。'爱斯特拉冈:'唉!'"

这两幕戏的荒诞剧情几乎是在原地踏步，毫无进展，贝克特在艺术创作上深受乔伊斯、普鲁斯特和卡夫卡的影响，所以他的剧作在内容和形式上都走的是反传统的道路，他的戏剧也被称作"反戏剧"。贝克特认为："只有没有情节，没有动作的艺术才算得上真正的艺术。"他的确把《等待戈多》的情节与动作减到了极低的限度，这出戏没有人们所常见的故事情节和戏剧冲突。用剧中人物戈戈在第二幕的话说：他们在前一天"谈了一天的空话"，"作了一场噩梦"，但今天又是这些空话和噩梦的重复。贝克特正是以戏剧化的荒诞手法，揭示了世界的荒谬丑陋、混乱无序，他笔下的人物最不堪忍受的生活既空虚又凄凉："我们腻烦得要死，这是没法否认的现实。""咱们已经失去咱们的权利。""瞧瞧这垃圾，我这一辈子从来没有离开过它！"贝克特以深刻而真实的笔触，揭示了社会的荒诞和人生的恐惧，描绘出一幅绝望恐怖却又异常熟悉的荒原图景，他以荒诞的形式剥落出痛苦孤寂的人生，刻画出的是陷于恐惧幻灭、生死不能、痛苦绝望、苟延残喘的整个现代人的形象。

看到这里，你也许会问，谁是戈多，为什么要在这"被上帝抛弃"的地方等他？事实上，直到全剧结束也没有人搞清楚戈多究竟是谁。坊间传闻有言，戈多(Godort)就是上帝(God)，《等待戈多》这个法文剧名，也许就是暗指西蒙娜·韦尔的《等待上帝》一书；另有猜测说，戈多象征"死亡"；又或者，剧中人波卓就是戈多；还有高手引经据典，认为戈多是巴尔扎克剧作《自命不凡的人》里一个在剧中从不出现的人物"戈杜"(Godeau)；甚至有一个荒诞的解释说，戈多是一位著名的摩托车运动员……于是导演曾问过作者这个问题，贝克特两手一摊，狡黠一笑："我要是知道，早在戏里说出来了。"

1957年11月9日，《等待戈多》在旧金山圣昆廷监狱演出，观众是1400名囚犯。演出之前，演员们和导演都忧心忡忡，怀疑这一批世界上最粗鲁的观众到底能不能看懂这出荒诞戏剧。出人意料的是，囚犯看完《等待戈多》后，一个个都感动得痛哭流涕。一个犯人说："戈多就是社会。"另一个犯人说："他就是局外人。"这以后，无田无地的阿尔及利亚农民,把戈多看做是已许诺却没有实现的土地改革;而具有被别国奴役的不幸历史的波兰观众,把戈多作为他们得不到民族自由和独立的象征。人们顿时恍然大悟:"戈多"大概就是那"口惠而实不至的东西","戈多"指的是人类的希望啊!

《等待戈多》是戏剧史上真正的革新,是第一部演出成功的荒诞派戏剧,它是荒诞派戏剧的经典,也是贝克特文学艺术创作的高峰。在剧中,戈戈和狄狄在荒诞世界中的丑陋可笑和幽默滑稽,让人忍俊不禁,而他们在无望的希望中执著地等待戈多的到来,又为全剧抹上一层浓郁的悲情色彩。贝克特以振聋发聩的声响,让人类意识到世界的荒谬和人生的痛苦,将虚无和绝望推向极致。

魔幻与现实的完美融合

——《百年孤独》

能让人离地升空的魔法巧克力,会自己拐弯甚至避过客厅正中央而流至母亲眼前的儿子的血,升空飞走的美丽姑娘,吃泥土和墙皮的漂亮女孩……这可不是某部魔幻电影的情节,而是来自拉丁美洲魔幻现实主义大师加西亚·马尔克斯的绚丽不羁的想象。

一部拉丁美洲的血泪史,一部魔幻现实主义的代表作,一部被博尔赫斯誉为比《堂·吉诃德》更能体现西班牙浪漫主义色彩的鸿篇巨制,这就是加西亚·马尔克斯的《百年孤独》。

这部小说没有前言,没有序,没有目录,没有楔子、引子,没有后记,没有跋,它就那样简简单单地叙述、叙述,再叙述,天启一般地开始,末日一般地结束。加西亚·马尔克斯玩转着手中的时间魔方,为我们呈现神秘而浪漫的孤独。

《百年孤独》讲述了布恩地亚家族七代人充满神秘色彩的坎坷经历,作者加西亚·马尔克斯将他用想象力构建的名叫马孔多的魔幻小镇生动地呈在人们眼前,从布恩迪亚家族传奇色彩的兴衰史中,映射出穿透了人类从洪荒到繁荣、从愚昧到文明都永远无法抹去的烙印——孤独,同时也反映了哥伦比亚乃至拉丁美洲的历史演变和社会现实。布恩迪亚家族的第一代人何塞·阿卡迪奥·布恩迪亚和表妹乌尔苏拉结了婚,为了逃离家族的压力,夫妇俩只得远走他乡,长途跋涉了两年多,终于在人烟绝迹的一条小河边定居建村,并取名为马孔多,这个延续了七代人的家族故事就此展开。他们七代、几十个人却循环往复地使用着五个名字,并且重复做着几乎同样的事情,各自抵抗着命中注定的孤独。在这个家庭中,时间就像是咬着自己尾巴的蛇,重复轮回,好似静止一般。这是一个漫长的百年,马孔多经历了战争、殖民……作者借此描摹出一幅拉丁美洲人的生存图景。整个故事直到布恩迪亚家族的最后一代人——一个长有猪尾巴的婴儿画上了终止符,他最终被蚂蚁噬空,"家族中的第一人被绑在树上,最后一个人正被蚂蚁吃掉",羊皮卷卷首的提要如同咒语一般在尘世时空中完美地呈现整个布恩迪亚家族的传奇命运,一切都在婴儿的父亲"译出羊皮卷之时被飓风抹去,从世人记忆中根除,羊皮卷上所载一切自永远至永远不会再重复,因为注定经受百年孤独的家族不会有第二次机会在大地上出现"。

加布里尔·加西亚·马尔克斯(1927—),生于哥伦比亚的马格达莱纳海滨小镇阿拉卡塔卡,童年时代与当过上校军官、倔强激进的外祖父和擅长讲神话传说和鬼怪故事的外祖母一起生活,《百年孤独》中的奥雷里亚诺·布恩迪亚上校也许就是马尔克斯心中的外祖父,因为这两位上校都在孤独凄凉中度过晚年生活,靠回忆和制作小金鱼打发日子。那可能是一个风和日丽的早晨,马尔克斯带着一家人准备去旅行,就在旅行的途中,他看到一个老头带着一个小男孩去马戏团见识冰块(那时候,马戏团把冰块当作稀罕宝贝来展览),他突然觉得应该像他的外祖母讲故事那样写一本小说,跟着他这个想法而来的就是《百年孤独》著名的开头:"多年以后,面对行刑队,奥雷里亚诺·布恩迪亚上校将会回想起父亲带他去见识冰块的那个遥远的下午。"这是一个不凡的开篇,一句话捏合了无数重时空,伴着回忆与惊奇,含着死亡与荣耀。这个开篇还影响到很多作家。

从此,这个被酝酿构思了15年的"百年故事"来到了马尔克斯的笔端。马尔克斯辞掉工作,全身心投入到写作中,当写到奥雷里亚诺上校之死,写到乌尔苏拉之死,写到最后一行"注定经受百年孤独的家族不会有第二次机会在大地上出现"的时候,他都会放声大哭。在经历了经济拮据的一年半后,马尔克斯终于写完小说。他和妻子将书稿拿到邮局准备寄出时,发现他们手里的钱都不够付邮费,只好按手上的钱计算出可以寄的重量,寄出一半的书稿,想等到攒了钱再寄剩下的。谁知,忙乱中竟然先寄去了后半部书稿,好在遇到慧眼识货的书商,一眼相中,并寄来邮资,让马尔克斯寄去前半部书。1967年,《百年孤独》终于得以出版,小说一举成名,并且在1982年获得诺贝尔文学奖,评论界称赞《百年孤独》为"20世纪用西班牙文写作的最杰出的长篇小说之一"。之后,他又创作了诸如《霍乱时期的爱情》等影响巨大的经典作品,马尔克斯也因此成为拉美小说界的"掌门人"。

马尔克斯是一位让人无法抵抗的小说家,他讲述的从来不是一个简单或复杂的故事,而是用富有强势侵略性的文字描绘出一种可以想象、体会但又无从表达的或浪漫或苍凉的情绪。

一个故事存在的意义,不在于作者想要表达什么,而在于读者读出了什么。《百年孤独》用魔幻的文笔,交织的冲击,丰富了人性之中最刻骨的孤独,让人们看到了跳跃在孤独的河溪中的一朵朵金灿灿的浪漫之花。

图书在版编目(CIP)数据

世界名著 ABC / 笪蕾编著. —贵阳：贵州人民出版社，2013.9(2021.3 重印)

ISBN 978-7-221-11292-7

Ⅰ.①世… Ⅱ.①笪… Ⅲ.①名著-介绍-世界-青年读物②名著-介绍-世界-少年读物 Ⅳ.①Z835-49

中国版本图书馆 CIP 数据核字(2013)第 201272 号

世界名著 ABC

笪 蕾 编著

出版发行	贵州出版集团 贵州人民出版社
地 址	贵阳市中华北路 289 号
责任编辑	徐 一
封面设计	连伟娟
印 刷	三河市腾飞印务有限公司
规 格	850mm×1168mm 1/16
字 数	150 千字
印 张	11.25
版 次	2014 年 7 月第 1 版
印 次	2021 年 3 月第 2 次印刷

书 号：ISBN 978-7-221-11292-7　　定价：30.00 元

"快乐阅读"书系首批书目

语文知识类
秒杀错别字
点到为止
　　——标点符号的正确使用
当心错读误义
　　——速记多音字
错词清道夫
巧学妙用汉语虚词
别乱点鸳鸯谱
　　——汉语关联词的准确搭配
似是而非惹的祸
　　——常见语病治疗
难乎？不难！
　　——古汉语与现代汉语句法比较

作文知识类
议论文三步上篮
说明文一传到位
快速格式化
　　——常见文体范例

数学知识类
情报保护神——密码
来自航海的启发——球面几何
骰子掷出的学问——概率
数据分析的基石——统计

文学导步类
中国诗歌入门寻味
中国戏剧入门寻味
中国小说入门寻味
中国散文入门寻味
中国民间文学入门寻味

文学欣赏类
中国历代诗歌精品秀
中国历代词、曲精品秀
中国历代散文精品秀

语言文化类
趣数汉语"万能"动词

个人修养类
中国名著甲乙丙
世界名著ABC